Hans - Dieter Jahr

Restrukturierung – Krisenmanagement

Unternehmenssanierung

Ein Leitfaden für das
Restrukturierungsmanagement
aus der Praxis für die Praxis

Hans-Dieter Jahr

Unternehmensberatung Jahr
www.beratung-jahr.de
Hamicher Weg 23
D-52224 Stolberg (Rhld.)
Tel.: 0049/ 2409 / 475
Fax: 0049/ 2409 / 70 29 970
kontakt@beratung-jahr.de

Bibliografische Information der Deutschen Nationalbibliothek:
Die Deutsche Nationalbibliothek verzeichnet diese Publikation in der Deutschen Nationalbibliografie; detaillierte bibliografische Daten sind im Internet über
< http://dnb.d-nb.de > abrufbar.

© 2006 Hans-Dieter Jahr
Herstellung und Verlag: Books on Demand GmbH, Norderstedt
ISBN-10: 3-8334-6710-X
ISBN-13: 978-3-8334-6710-3

Vorwort

Das vorliegende Buch basiert auf Erkenntnissen aus vielen Jahren praktischer Erfahrung in der Restrukturierung und Reorganisation in mittelständischen Unternehmen. Die Sanierung existenzgefährdeter Unternehmen bzw. der Neuaufbau insolventer Betriebe ist ein Bereich, der sich in den letzten Jahren immer schneller entwickelt hat. Insbesondere die Sanierung in Betrieben der Investitionsgüterindustrie ist ein expandierendes Feld. Allerdings zeigt sich, dass gerade hier Schwierigkeiten bei der adäquaten Handhabung der typischen Problemstellungen auftreten. Es mangelt vielfach an Erfahrung und Methodenwissen, um entsprechende Lösungen zu entwickeln. Dieses Buch soll Lösungsansätze vorstellen, die speziell auf Industrieunternehmen zugeschnitten sind, und will insofern einen Leitfaden und Ratgeber darstellen für Führungskräfte und Krisenmanager im genannten Gebiet. Es wird auf Fachterminologie und theoretische Modelle weitestgehend verzichtet. Das Hauptaugenmerk liegt auf der praktischen Anwendung der Lösungsansätze und der einfachen Darstellung der Problemfelder bzw. deren Handhabung. Dabei folgt dieses Buch keinem geringeren Ansatz als dem, durchaus allgemeingültige Aussagen zu den Hauptschwachstellen innerbetrieblicher Organisation und Führung zu liefern. Sicherlich ließen sich einige Themenbereiche ausführlicher ausarbeiten, und einige folgen nicht den Regeln akademischer Betrachtung, allerdings würde sich dadurch die Klarheit, Deutlichkeit und praktische Verwertbarkeit der Aussagen verlieren.

Ich hoffe, dass den fachkundigen Lesern nach dem Studium dieses Werks nützliche Ansätze und Hilfestellungen für die Herangehensweise an das Krisenmanagement gegeben wurden und sie sich auf die hier dargelegten Erkenntnisse stützen konnten.

Stolberg, im Oktober 2006

Inhaltsverzeichnis

Vorwort V

1. Einführung 1

2. Restrukturierungsmanagement 3
   2.1. Aufgabenstellung 3
   2.2. Vorstellung des Krisenmanagers 4
   2.3. Der Restrukturierungsprozess 5
      2.3.1. Planung 5
      2.3.2. Phasen der Planung 7
   2.4. Beschaffungsmanagement 18
      2.4.1. Überblick 18
      2.4.2. Lieferantenauswahl 21
      2.4.3. Gestaltung der B2B Geschäftsbeziehungen 24
   2.5. Betriebliche Reorganisation 25
      2.5.1. Übersicht 25
      2.5.2. Arbeitsvorbereitung (AV) 27
      2.5.3. Bestandsreduzierung in der Lagerwirtschaft 33
      2.5.4. Standardisierung 37
      2.5.5. Leistungsbezogene Kennzahlen 39
   2.6. Restrukturierung des Vertriebs 42
      2.6.1. Einführung 42
      2.6.2. Organisation 43
      2.6.3. Vertriebskonzept 44
      2.6.4. Zielsetzungen 48
      2.6.5. Vertriebsstrategie 51
      2.6.6. Kommunikation 65
      2.6.7. Stammkundenpflege 67

3. Investor Relationship Management 69
   3.1. Banken 69
   3.2. Banken als starke Partner 73

4. Kooperation mit den Arbeitnehmern **75**
  4.1. Reduzierung der arbeitsvertraglichen Entgelte 76
  4.2. Freiwillige Leistungen 77

5. Mitarbeiterführung **79**
  5.1. Die Rolle des Managements in Krisenzeiten 79
  5.2. Unternehmensführung 81
  5.3. Führungsstile 85
  5.4. Führungsqualitäten 86
  5.5. Teamleitung 89
  5.6. Verbesserungsvorschlagswesen (VV) 90
  5.7. Widerstände und Blockadehaltung 91
  5.8. Anhang zu Kapitel 5 94

6. Eigenmotivation **103**
  6.1. Reflexionsmethodik 103

7. Stellenbeschreibungen **107**
  7.1. Anhang zu Kapitel 7 109

8. Leistungsorientierte Entlohnungssysteme **113**
  8.1. Anhang zu Kapitel 8 120

Nachwort **127**

Literaturverzeichnis **129**

Sachverzeichnis **131**

Abbildungsverzeichnis **133**

1. Einführung

In einem existenzgefährdeten Unternehmen finden sich tiefe psychologische Wunden und Motivationsblockaden. Eine Krise entsteht nicht von heute auf morgen, sondern ist das Ergebnis einer Reihe von Fehlentwicklungen und -entscheidungen, die sich unter Umständen über Jahre hingezogen haben. In dieser Zeit wurden nicht nur liquide Reserven, sondern auch Nerven und Potenziale abgebaut. Am Ende eines solchen Prozesses kann häufig nur „frisches Geld", sprich Investoren, das Unternehmen retten. Meist wird eine neue Führung oder auch immer häufiger ein externer Berater beauftragt, das Unternehmen zu restrukturieren und zum sogenannten Turn Around zu verhelfen.

Die Situation ist vergleichbar mit der eines Fußballklubs auf einem Abstiegsplatz, bei dem ein neuer Trainer eingesetzt wurde. Die Schwierigkeit liegt darin, mit dem vorhandenen „Spielerpotenzial" den Klassenerhalt zu schaffen.

Neben einer grundlegenden Analyse und dem Aufdecken der Missstände steht vor allem die Fähigkeit des Managers, die Mitarbeiter des Unternehmens für den schwierigen Weg der Restrukturierung zu gewinnen. Er muss in der Lage sein, die Belegschaft neu zu motivieren, um das Unternehmen wieder profitabel zu machen.

Nicht zuletzt muss der Manager darauf achten, dass für den kräfteraubenden Weg der Restrukturierung Geld und Zeit nicht in allzu großzügiger Menge vorhanden sind.

2. Restrukturierungsmanagement

2.1. Aufgabenstellung

Unternehmen, die an Krisenmanager herantreten, umschreiben häufig die gleichen Problemfelder.

- Zu kostenintensive Produktion
- Schwache Produktivität
- Ineffizienter Auftragsdurchlauf
- Schlechtes Terminwesen
- Umsatzschwäche
- Bedrohliche Kapitaldeckung und Liquidität

Mit diesen Vorabinformationen werden Aufgaben an den Manager gestellt.

In der Regel sind dies:

- Analyse des betrieblichen Ablaufs
- Aufdecken der Schwachstellen
- Entwicklung von kurz-, mittel- und langfristigen Maßnahmenplänen zur Behebung der Defizite
- Begleitende Durchführung

2.2. Vorstellung des Krisenmanagers

Bevor der Krisenmanager in Aktion treten kann, muss seine Rolle bei der Restrukturierung gefunden und wenn möglich Kompetenzen definiert werden.

Dies bedeutet unter Umständen ein Spannungsfeld zwischen Unternehmensführung und meist externem Management.

Es sollte schnellstmöglich ein Konsens über die Notwendigkeit der zu treffenden Maßnahmen getroffen und daraufhin dem Manager das Vertrauen ausgesprochen werden. Dazu gehört in jedem Fall die Abstimmung mit dem Betriebsrat. Dieser sollte von Beginn über seine gesetzlichen Informations- und Mitwirkungsrechte hinaus einbezogen werden, da die Unterstützung durch die Arbeitnehmerschaft ein entscheidender Punkt bei der Durchführung der Restrukturierungsmaßnahmen ist.

Sind die Kompetenzen geregelt, sollte der Manager im Unternehmen vorgestellt werden. Eine wichtige Maßnahme ist dabei ein Aushang am Schwarzen Brett des Unternehmens mit Foto und Erläuterungen zur Person. Die künftige Funktion sollte schnellstmöglich allen Mitarbeitern im Betrieb bekannt sein, um dem Manager eine zügige und effiziente Arbeitsweise zu ermöglichen.

Wird dies frühzeitig versäumt, setzt man den Sanierer fortwährend in den Zwang, sich und seine Funktion in Gesprächen erklären zu müssen.

2.3. Der Restrukturierungsprozess

2.3.1. Planung

Gründliche Planung ist Voraussetzung für zügiges und flexibles Arbeiten. Sie unterteilt sich grundsätzlich in die Phasen:

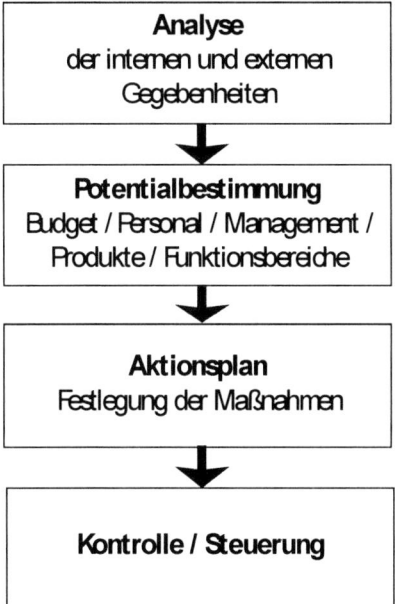

Abb. 1: Planungsprozess

Bei der Strategieplanung geht es darum, mithilfe eines Bündels von Maßnahmen innerhalb einer bestimmten Zeit ein vorher definiertes Ziel zu erreichen.

Die Zielvereinbarungen sind also Grundlage effektiver Planung.

Es bietet sich an, Ziele anhand eines Zeitstrahls mit festgelegten Landmarken, an denen ein bestimmter Zielerreichungsgrad stehen sollte, festzulegen.

Die Auswahl der Ziele ist natürlich vielfältig und umfasst bei liquiden Unternehmen einen Großteil der strategischen Planung. Hierbei wird untergliedert in Unterziele, kurz-, mittel- und langfristige Ziele, operative Ziele, Basisziele u. v. m.

Diesen Luxus kann und sollte ein insolvenzgefährdetes Unternehmen sich nicht leisten. Vielmehr benötigt man kurzfristige, realistische Ziele, die aus eigener Kraft erreichbar sind.

Die schnellstmögliche Gesundung des Unternehmens und Stärkung der Marktposition stehen im Vordergrund.

Daran orientieren sich die weiteren Maßnahmen der Planung.

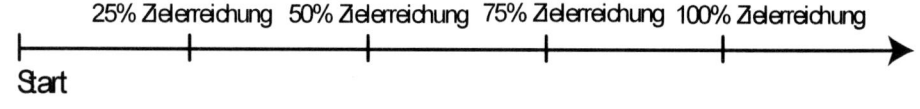

Abb. 2: Zeitstrahl

2.3.2. Phasen der Planung

1) ANALYSE

Die Analyse des Unternehmens sollte sich auf die Ursachen der existenzgefährdenden Situation konzentrieren und alle drei Funktionsbereiche des Unternehmens umfassen:

Abb. 3: Funktionsbereiche

Sie sollte einen geordneten Überblick über die internen Missstände geben, jedoch nicht auf ausschweifenden, zeitaufwendigen Auswertungen basieren.

Diese kosten Zeit und Geld, beides Dinge, die i. d. R. nicht vorhanden sind. Die Ergebnisse sollten offen und deutlich formuliert sein und klare Anhaltspunkte geben.

Allgemeine Floskeln und Rücksichtnahme nützen in dieser Situation niemandem.

Allgemeine Vorgehensweise

1) Beobachtung/Einschätzung

Hierbei kommt es natürlich auf die persönliche Erfahrung und das fachliche Geschick des Sanierers an. Die Kunst ist, Aufmerksamkeit für das Detail mit dem Blick für das Ganze zu verbinden.

Man muss seine einzelnen Beobachtungen in ihrem Stellenwert für das Gesamtproblem erkennen und einordnen können.

Bei der Beurteilung und Einschätzung sollten Sie penibel sein und ähnlich einem Prüfer eines Restaurantführers auch eher unscheinbare Missstände in ihr Kalkül einbeziehen.

Als grobes Raster zur Verdeutlichung einige Punkte, auf die man bei der persönlichen Begutachtung des Betriebes achten sollte:

- Ordnung und Sauberkeit
- Persönlicher Eindruck der Mitarbeiter an ihrem Arbeitsplatz
- Umgang der Mitarbeiter miteinander
- Zustand der Betriebsmittel
- Einrichtung des Betriebes nach betriebswirtschaftlichen Grundsätzen (REFA)
- Arbeitsplatzgestaltung
- usw.

Diese „Kleinigkeiten" liefern dem aufmerksamen Beobachter eine Vielzahl unschätzbarer Informationen. Es lassen sich hierdurch Rückschlüsse auf Qualitätsstandards, Terminwesen, Auftragsdurchlauf o. Ä. ziehen.

Gerade die Analyse des Auftragsdurchlaufes, vom Auftragseingang bis zur Lieferung, zeigt die gravierenden Schwachstellen des Unternehmens.

So kann man ablaufbedingte Wartezeiten in den einzelnen Abteilungen und personenverursachte Fehlzeiten im Auftragsdurchlauf (Urlaub, Krankheit) unterscheiden.

Bei Personenfehlzeiten u. a. bleiben Aufträge unbearbeitet liegen, weil sich andere Mitarbeiter für die weitere Bearbeitung nicht verantwortlich fühlen.

Dadurch entstehen zusätzliche Verlustzeiten in der Bearbeitung der Aufträge. Hier muss mit Überzeugungsarbeit die Förderung des Verantwortungsbewusstseins betrieben werden. Weiterhin können zusätzliche, kurzfristige Veränderungen in der Organisation die Probleme beseitigen.

Aus diesen Tatsachen wiederum kann man auf „Baustellen" zwischen Konstruktion und Vertrieb, Konstruktion und QM usw. schließen.

Relativ schnell erhält man somit ein verlässliches Gesamtbild des Problems.

Diese Vorgehensweise führt zu einem sich schließenden Kreis, in dem 4 Kernpunkte den allgemeinen Zustand des Betriebes bestimmen.

Dabei handelt es sich um die Bereiche:

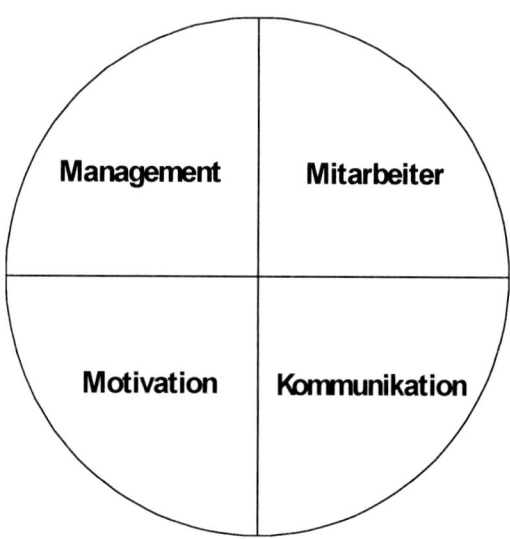

Abb. 4: Informationskreis

Diese Punkte kennzeichnen die Stärke eines Unternehmens und damit die Fähigkeit, Krisen zu überwinden und erfolgreich am Markt bestehen zu können.

Es lassen sich bei erfolgreichen Unternehmen weitere Stärken und Faktoren, wie z. B. technisches Know-how, Reputation usw., benennen, im Kern jedoch liegt der Erfolg in diesen 4 begründet, aus denen sich die weiteren ableiten.

2) Mitarbeiterinterviews

Um das Bild, das Sie gewonnen haben, zu vervollständigen, ist es wichtig, mit den Verantwortlichen Gespräche zu führen. Versuchen Sie unverfälschte Eindrücke zu erhalten und möglichst offene Statements.

Dass rhetorisches Geschick nötig ist, kann dabei nicht genug betont werden.

Es ist nichts verständlicher, als dass man Ihnen mit Misstrauen begegnet. Hinzu kommt, dass durch die Analysetätigkeit Unruhe in den Betrieb kommt und die Gerüchteküche brodelt.

Schaffen Sie eine vertrauensvolle Basis für die Gespräche und geben Sie dem Interviewpartner ein Gefühl für die Wichtigkeit des Gespräches.

Die richtige Vorgehensweise bei den unterschiedlichen Charakteren zu erläutern, ist in kurzem Umfang nicht möglich. Zu diesem Thema kann man mittlerweile umfangreiche Literatur zurate ziehen.

Seien Sie aber darauf vorbereitet, dass Gesprächspartner versuchen werden, diese Gespräche für sich zu nutzen, sich in ein positives Licht stellen und evtl. sogar versuchen, sich zu positionieren.

Mitarbeiterinterview				
Datum:	Uhrzeit:	Ort:	Gesprächspartner:	zur Person:

Abb. 5: Interviewformular

Während der Analyse des Istzustandes und in den anschließenden Interviews werden Ihnen immer wieder Begründungen der entsprechenden Sachbearbeiter und deren Vorgesetzten begegnen, warum Veränderungen nicht möglich sind.

So hört man beispielsweise, dass andere Mitarbeiter nicht in der Lage sind, neue Aufgaben zu übernehmen, da ihnen das Fachwissen oder die Erfahrung fehlen. Diese und andere Stellungnahmen gehören zu den Standardstatements.

Bleiben Sie objektiv, sachlich und fair in Ihren Eindrücken. Nach den Interviews notieren Sie Ihre Ergebnisse, machen Sie von jedem Gespräch ein kurzes Protokoll mit Bemerkungen. Dies sollten Sie unmittelbar tun, solange die Eindrücke noch frisch sind.

Nehmen Sie sich für diese Analysephase Zeit und handeln Sie nicht alles an einem Tag ab, denn unterschätzen Sie nicht die Bedeutung der Interviews für das Analyseergebnis.

2) POTENZIALBESTIMMUNG

Aus den Erkenntnissen der Analyse ergeben sich unmittelbar Fragen nach den Voraussetzungen für den Änderungsprozess bzw. der Eignung der bestehenden Einrichtungen. Folgende Fragestellungen sollten dabei beispielsweise berücksichtigt werden:

- Ist das bestehende Management geeignet?
- Sind Qualifikation und Leistungsbereitschaft des Personals ausreichend?
- Sind die Produktionsmittel (Betriebsmittel usw.) ausreichend?
- Sind die Kapitalstrukturen (Gesellschafter, Investoren) geklärt?
- Ist die Marktstellung stabil genug?
- Gibt es Innovationspotenzial?
- usw.

Kern dieser Untersuchung ist herauszufinden, ob mit den „alten" Strukturen ein Neuanfang überhaupt möglich ist oder ob hier angesetzt werden muss.

Gehen Sie davon aus, dass in den bestehenden Führungsstrukturen einige die Ergebnisse Ihrer Analyse in Frage stellen werden und versuchen, Sie und Ihre Arbeit zu behindern. Im Besonderen ist dies natürlich der Fall, wenn Sie Missstände in den Abteilungen der betreffenden Personen aufgedeckt haben.

Sorgen Sie frühzeitig dafür, dass man sich von diesen „Unbelehrbaren" trennt, da sie andernfalls den Prozess der Sanierung fortdauernd behindern.

In der Praxis hat sich häufig gezeigt, dass viele Potenziale, die im Unternehmen steckten, ungenutzt blieben. Gute Ideen und Ansätze blieben unberücksichtigt oder, schlimmer noch, wurden aus falschen Motiven heraus verworfen.

Die Erkenntnis, dass ein Unternehmen nicht notwendigerweise in eine Krise geraten musste, sondern vielfach einzig und allein aus schlechter Führung heraus, gehört zu den bitteren in der Beraterpraxis.

Der Maßstab, den Sie an die Führungskräfte legen, muss ein höherer sein als an die Mitarbeiter in den unteren Ebenen.

Eine Führungskraft trägt nicht nur Verantwortung für sich selbst, sondern auch für seine Untergebenen, dessen muss er sich bewusst sein und das muss in seinen Entscheidungen auch deutlich werden.

Der Weg, die Mitarbeiter für Fehlentscheidungen „bluten" zu lassen, ist der falsche. An Fleiß und Motivation mangelt es bei den Arbeitern in den seltensten Fällen. Wenn dem doch einmal so ist, so liegt es an der Art und Weise, wie sie geführt werden.

3) AKTIONSPLAN

Der Aktionsplan bestimmt die zeitliche Abfolge und Festlegung der Verantwortlichkeiten für die Restrukturierungsmaßnahmen.

Idealerweise führen Analyse und Potenzialbestimmung in einzelne, zeitlich und inhaltlich aufeinander abgestimmte Projekte. Entscheidend hierbei ist wiederum die klare und eindeutige Formulierung der Ziele und Aufgaben, sodass nachvollziehbar ein roter Faden durch die Projekte führt.

Dieser Aktionsplan sollte für die Beteiligten jederzeit einsichtbar sein, was z. B. durch Plantafeln erreicht wird.

Projekt	Jan	Feb	Mär	Apr	Mai	Jun	Jul	Aug	Sep	Okt	Nov	Dez
Projekt A	1.1											
Projekt B		7.2										
Projekt C			1.3									
Projekt D			1.3									
Projekt E				4.4								

Abb. 6: Plantafel

Der Vorteil, die Aufgabenstellungen in Projekte zu unterteilen, lässt sich am besten durch folgendes Sprichwort zeigen:

Die einzig sinnvolle Methode, einen Sack Kartoffeln zu schälen,
ist:
eine nach der anderen zu schälen!

In Projekten muss methodisch und systematisch gearbeitet werden. Aufgaben sollten geordnet und koordiniert werden, um zu effizienten Ergebnissen zu führen. Setzen Sie unbedingt Prioritäten in den einzelnen Abläufen.

Weiterhin arbeiten und denken Sie schriftlich. Die Maxime heißt 1-mal denken, 100-mal wiederholen.

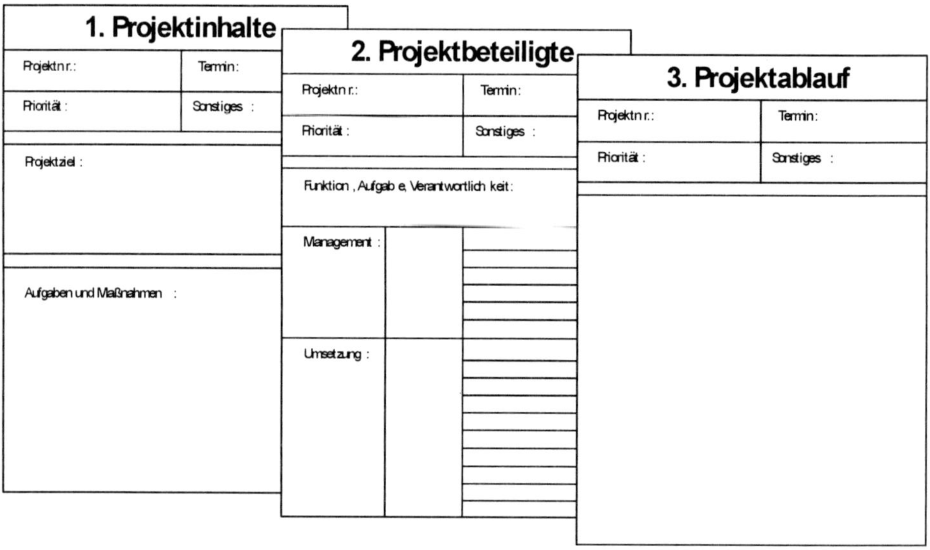

Abb. 7: Projektformulare

4) KONTROLLE UND STEUERUNG

Die eingeleiteten Maßnahmen sollten von Ihnen begleitend durchgeführt und Abweichungen konsequent gegengesteuert werden. Regelmäßige Kontrollmeetings der Projektleiter bieten hierfür die Grundlage. Die Einhaltung der Ziele muss nachhaltig eingefordert und überwacht werden.

In dem Moment, wo Entschuldigungen und Ausflüchte Einzug finden, gerät das ganze System in Gefahr, da Verzögerungen wie Fehler die unangenehme Eigenschaft haben, sich zu kumulieren. Wenn Konsequenzen gezogen werden müssen, dann ziehen Sie Konsequenzen.

Wenn die Mitarbeiter nicht das Gefühl haben, dass ihr Handeln Konsequenzen nach sich zieht, verliert der Restrukturierungsmanager seine Glaubwürdigkeit.

Dabei geht es nicht um den Aufbau von Druck oder gar Drohung. Es geht um Verbindlichkeit, Entscheidungsfähigkeit und dem Aufrechterhalten einer klaren Linie.

Die zügige und effiziente Durchführung der Maßnahmen im Betrieb sollte durch persönliche Präsenz regelmäßig kontrolliert werden. Das bedeutet, wenn möglich tägliche, mehrmalige Kontrollgänge über das Betriebsgelände und die Fertigungsbereiche.

Machen Sie daraus einen routinemäßigen Vorgang, sodass Sie nicht mehr als Fremdkörper im Betrieb aufgefasst werden und es für die Mitarbeiter völlig normal ist, dass jemand energisch und aktiv in ihrem Arbeitsbereich auftritt.

Achten Sie darauf, dass Ihnen während Ihrer Kontrollgänge nichts entgeht. Vermitteln Sie den Mitarbeitern den Eindruck, dass man vor Ihren Augen nichts kaschieren kann.

2.4. Beschaffungsmanagement

2.4.1. Überblick

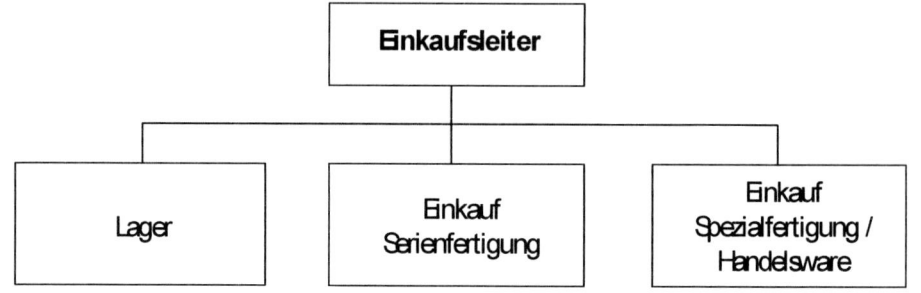

Abb. 8: Einkauf

Die Organisation des Einkaufs ist abhängig von der Produktion im Betrieb. Bei der Analyse der Beschaffungspolitik im Unternehmen zeigen sich dennoch überwiegend die gleichen Probleme:

- Terminengpässe der Lieferanten
- Qualitätsmängel bei den Materialien
- Hohe Nacharbeit
- Unvorteilhafte Zahlungsvereinbarungen
- Mangelnde vertragliche Vereinbarungen bei Schlechtlieferung
- Vertragsdiktat des Lieferanten

Die angesprochenen Defizite beziehen sich auf das Verhältnis Lieferant zum Unternehmen. Die Übersicht macht bereits deutlich, dass für die Ausgestaltung der Geschäftsbeziehungen der Einkaufsleiter verantwortlich ist. In großen Unternehmen ist eine solche organisatorische Aufteilung der Beschaffung allein aufgrund der Größe notwendig.

Bei der Restrukturierung eines mittelständischen Unternehmens sollte der Krisenmanager zumindest im Reorganisationsprozess nicht davor zurückschrecken, die Beschaffung zur Chefsache zu machen.

Die Schwäche des Unternehmens zeigt sich besonders deutlich in den Geschäftsbeziehungen mit Lieferanten. Die eigene Verhandlungsposition war meist so schwach, dass wichtige Vereinbarungen hinsichtlich der Vorratshaltung oder Lieferterminierung nicht getroffen werden konnten. Der vorläufige Schlusspunkt dieses Verfahrens ist Ware nur gegen Vorauskasse beziehen zu können.

Die Ursachen hierfür liegen nicht immer in einer Ausbeutungshaltung des jeweiligen Lieferanten. Oft ist dies nur Resultat eigenen Fehlverhaltens, indem das Begleichen der Rechnungen bis zur letzten Mahnung oder dem Lieferstopp hinausgezögert wurde, anstatt das Gespräch mit den Geschäftspartnern zu suchen.

Kurz- und langfristige Verbindlichkeitspositionen wurden miteinander kombiniert, ausgetauscht usw. Ein Verhalten, das in angespannten Liquiditätslagen fast immer zu beobachten ist.

Dies ist kein Ausdruck unternehmerischen Geschicks, sondern führt nur schneller in die Insolvenz.

Der Krisenmanager findet also ein System vor, bei dem verspätet schlechte Ware angeliefert wird, was zu eigener, teurer Nacharbeit führt, die Qualität eigener Produkte beeinträchtigt und weiterhin dazu führt, eigene Termine nicht einhalten zu können.

Schnell wird deutlich, wie schlechte Einkaufsorganisation den gesamten Produktionsapparat und den Vertrieb behindern können.

Das Beschaffungswesen sollte vom Manager in die eigene Hand genommen werden, d. h. er sollte sich nicht darauf verlassen, dass ein neues Organigramm und neue Verantwortlichkeiten ausreichen, die Probleme zu beheben.

Wie dargestellt, werden seine weiteren Maßnahmen im Unternehmen wirkungslos bleiben, wenn er die grundlegenden Schwierigkeiten im Einkauf nicht löst.

2.4.2. Lieferantenauswahl

Wie im Vertrieb ist im Einkauf die Ausrichtung auf einen oder wenige Lieferanten ein Kardinalfehler.

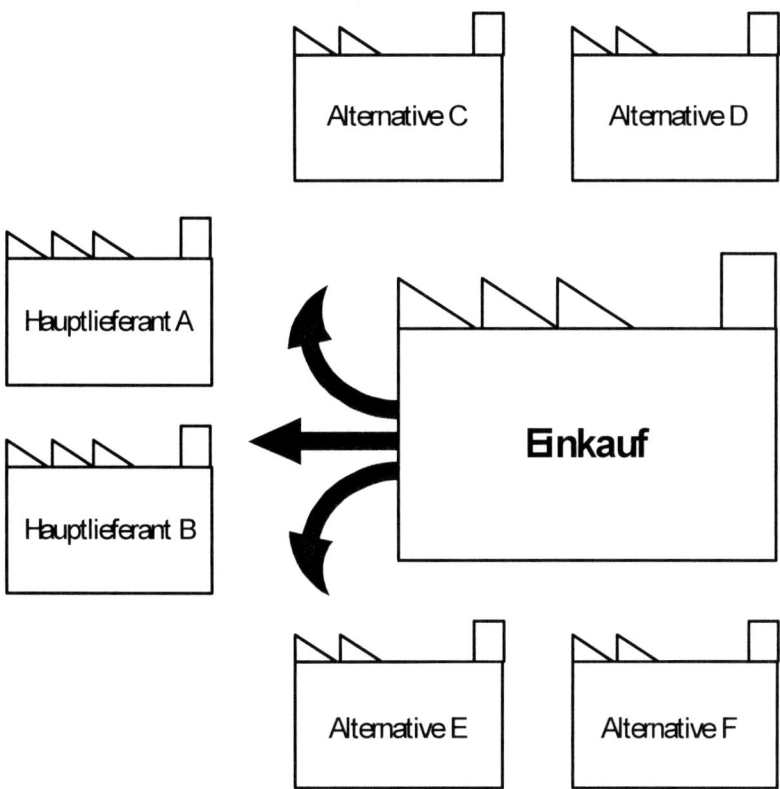

Abb. 9: Lieferantennetz

Beim Aufbau des Zuliefernetzes sollten auch immer alternative Zulieferer eingebaut und mehrgleisig gefahren werden. Die Abhängigkeit von einigen wenigen birgt die Gefahr, von den Schwierigkeiten der Lieferanten auch betroffen zu sein oder in ein Vertragsdiktat zu geraten, da man nicht flexibel genug ausweichen kann.

Auswahlkriterien

Die Kriterien, die bei der Auswahl des Lieferanten von Bedeutung sind, stellen sich wie folgt dar:

1. Liefertreue/Lieferschnelligkeit
2. Qualität der Ware
3. Preis

Die Kriterien werden auch in Ihrer Gewichtung in dieser Rangfolge betrachtet.

a. Liefertreue/Lieferschnelligkeit

Eigene, übermäßige Lagerhaltung ist immer zu vermeiden. Deshalb müssen mit den Lieferanten Vereinbarungen über Vorratshaltung und Abrufaufträge für Material getroffen werden. Für die eigene Auftragsdisposition müssen verlässliche Angaben über Zeitpunkte der Rohmateriallieferung und der verfügbaren Menge vorhanden sein.

Gerade hier zeigt sich die Stärke eines ausgewogenen Einkaufsnetzes. Neue und alternative Lieferanten können mit kleineren Aufträgen dementsprechend vorbereitet werden, um im „Ernstfall" Vakanzen zu beheben. Insofern sollten Lieferanten langfristig aufgebaut werden, um ein Just-in-time-System zu gewährleisten.

Für einen möglichst umfassenden Eindruck vom Zulieferer bietet es sich an, diesen vor Ort in seinem Firmensitz zu besuchen. Schauen Sie sich an, wie der Zulieferer arbeitet, und Sie erhalten Rückschlüsse darauf, welche Zusammenarbeit Sie erwarten können.

b. Qualität der Ware

Für den Fertigungsprozess ist wichtig, wie viele Arbeitsschritte nötig sind, bevor das Material in die Produktion eingehen kann. Die Nacharbeit stellt einen nicht unerheblichen Kostenpunkt dar, welcher die Vorteile eines günstigen Einkaufspreises übertreffen kann. Die Qualität des eigenen Produktes liegt weiterhin auch nicht zuletzt an der Qualität des verwendeten Materials.

c. Preis

Natürlich ist der Preis für die Ware ein ausschlaggebender Punkt. Die Materialkosten sind in vielen Unternehmen der größte Kostenblock.

Darüber hinaus sollten aber folgende Fragen für einen reibungslosen Ablauf geklärt sein:

- Handelssprache bei internationalen Lieferanten
- Abrufvereinbarungen
- Zahlungsziele
- Skonti
- Vertragsstrafen bei Schlechtleistung
  - Preisminderung

2.4.3. Gestaltung der B2B-Geschäftsbeziehungen

Selbstverständlich sollte im Verhältnis Lieferant zu Unternehmen darauf geachtet werden, dass die eigenen Interessen gewahrt bleiben. Für die langfristige Gestaltung sollte man jedoch eine partnerschaftliche Zusammenarbeit anstreben. Lieferant und Unternehmen sollten sich als Partner bei der Befriedigung der Bedürfnisse des gemeinsamen Absatzkunden betrachten.

Die Idee ist einfach. Wenn der Zulieferer den Hersteller nicht bei seinem Vorhaben, den Endabnehmer zufriedenzustellen, unterstützt, wird dieser weniger umsetzen und damit weniger produzieren.

Natürlich existieren Spannungsfelder in den Geschäftsbeziehungen, dies ist Bestandteil des täglichen Arbeitens. Niemals sollte aber der hier geschilderte, einfache Zusammenhang in Vergessenheit geraten.

In der Praxis steht häufig eine Lieferant-Kunde- und daraus eine Gläubiger-Schuldner-Beziehung im Vordergrund. Das Ergebnis dieser Konstellation ist, dass versucht wird, sich gegenseitig zu übervorteilen.

Schwache Geschäftspartner nützen niemandem. Ein Partner muss stark genug sein, um unterstützen zu können. Wird er dominiert, kann er seine eigenen Stärken nicht mehr ausspielen und wird sich auf Dauer nicht halten können. Der Wechsel zu einem neuen Lieferanten ist dann nicht immer einfach, weil sich die Vorteile nicht zwangsläufig übertragen lassen.

Einbußen, die der Lieferant beim Preis macht, wird er seinerseits mit Qualitätsminderungen bekämpfen müssen, die man selbst in Form von Retouren zu spüren bekommt.

Weiterhin sprechen sich unfaire Geschäftspraktiken rund, und der Zusammenhalt einer Branche gegen ein Unternehmen kann beachtliche Formen annehmen.

2.5. Betriebliche Reorganisation

2.5.1. Übersicht

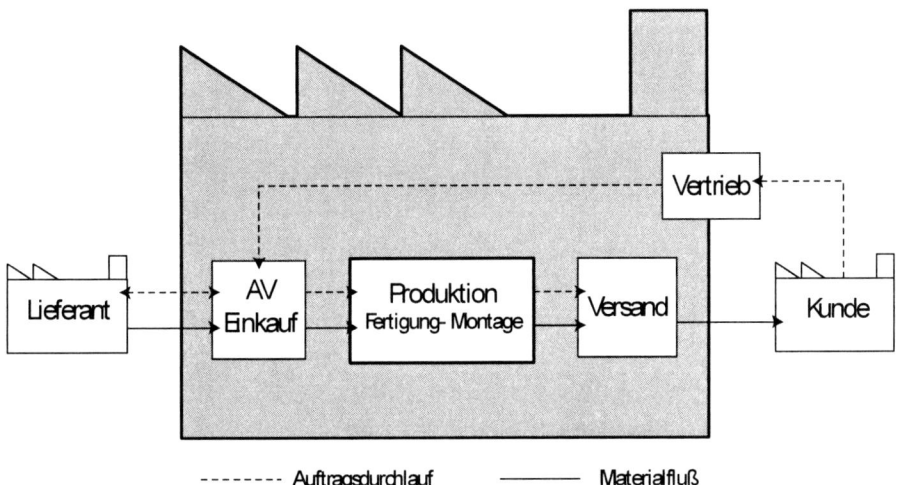

Abb. 10: Auftragsdurchlauf

Im Rahmen der Restrukturierung müssen die bestehenden Abläufe durchleuchtet und Schwachstellen aufgedeckt werden. Arbeitswissenschaftliche Lehrbücher umfassen zahlreiche Formen und Arten betrieblicher Organisation.

Bei der praktischen Umsetzung, besonders bei Veränderung der bestehenden Organisation, ist es wichtig, die für das untersuchte Unternehmen optimale Lösung zu finden. Die produzierten Güter, die dafür verwendeten Rohstoffe und deren Lagerung, die Vertriebsform u. v. m. müssen berücksichtigt werden.

Unternehmen in Krisen sind häufig träge und wirken in ihren Abläufen festgefahren. Ein entscheidender Faktor, um ein Unternehmen zu „retten", ist, es „schlank" und anpassungsfähig zu gestalten.

Im Folgenden werden exemplarisch 4 Restrukturierungsmaßnahmen vorgestellt:

- Kapitel 2.5.2. die Arbeitsvorbereitung

- Kapitel 2.5.3. die Bestandsreduzierung in der Lagerwirtschaft

- Kapitel 2.5.4. die Implementierung einer Standardisierung

- Kapitel 2.5.5. die Einführung leistungsbezogener Kennzahlen

2.5.2. Arbeitsvorbereitung (AV)

Bei den Ursachen für die schlechte Lage des Unternehmens zeigen sich häufig typische Problemstellungen. Termine können nicht eingehalten werden, da die Auftragsdisposition von der Auftragserteilung über die Materialbeschaffung bis hin zur Fertigstellung nicht systematisiert ist. Es wird kurzfristig umdisponiert, wodurch Aufträge durcheinandergeraten, um evtl. Stammkunden doch noch termingerecht beliefern zu können. Die Übersicht geht verloren, und am Ende bleibt ein System, bei dem Aufträge ohne Planung bearbeitet werden, je nachdem, wie sie eingehen, und dann meist als kostspielige Sonderanfertigungen.

In vielen arbeitswissenschaftlichen Lehrbüchern der Betriebswirtschaftslehre wird die Wichtigkeit der Arbeitsvorbereitung (Leitstand) hervorgehoben.

Diese altbewährte Methodik bekommt in der Zukunft einen neuen Stellenwert, nicht zuletzt über EDV-gesteuerte Systeme.

Unternehmen, die in Schieflage geraten sind, haben, warum auch immer, eine straffe Organisation in der Bearbeitung der Aufträge vernachlässigt.

Die Wiedereinführung dieser Organisation im Rahmen einer Arbeitsvorbereitung und damit auch die verbundenen Stellen: Disponenten, Terminkontrolle, Planung und Steuerung, bekommen die ihnen zustehende Bedeutung. In sanierungsbedürftigen Unternehmen sind diese Aufgaben zwar vorhanden, jedoch in den einzelnen Abteilungen aufgeteilt und werden dort nicht gepflegt.

Die vorhandenen Mitarbeiter in den verschiedenen Abteilungen werden ihren Fähigkeiten gemäß identifiziert, in der Zentralisierung (AV) zusammengefasst und zu einer effizienten Truppe aufgebaut.

Die Abteilungsleiter werden Widerstand dagegen leisten, Mitarbeiter aus ihren Bereichen, die sich luftblasenähnlich aufgebaut haben, für den Aufbau der zentralen AV abzugeben.

Die Angst vor Kompetenz- und Prestigeverlusten sind vielfach die Gründe für die Verweigerungshaltung. Dass bei andauernder Blockadehaltung auch Personalentscheidungen, d. h. Freistellungen, getroffen werden müssen, ist Bestandteil der Aufgabenstellung.

Scheuen Sie nicht davor zurück, hierbei zielstrebig vorzugehen.

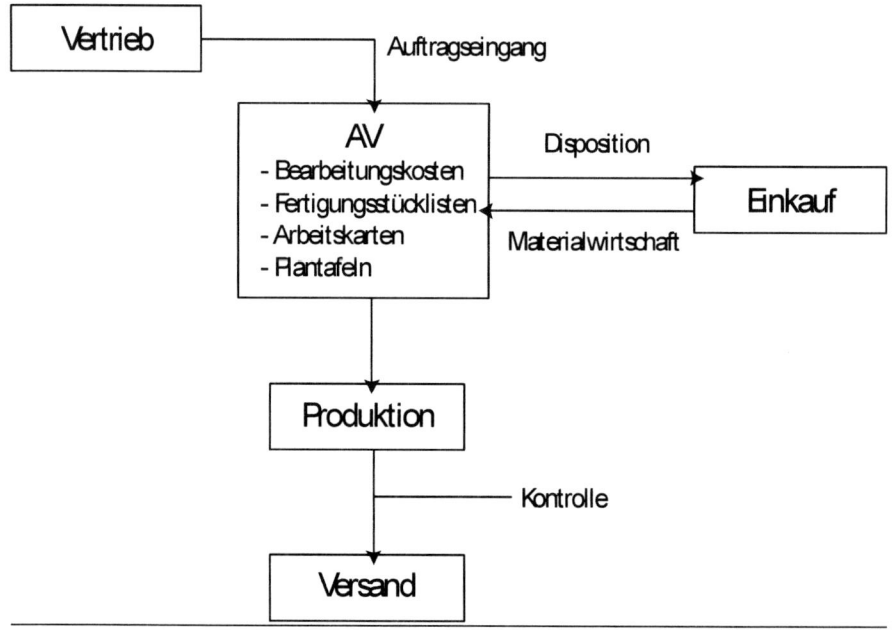

Abb. 11 : Organisation AV

Die AV fungiert als Leitstelle im Auftragsdurchlauf. Sie organisiert und koordiniert alle weiteren Schritte in der Fertigung.

Arbeitsplanung

Für die systematische und effiziente Koordinierung der Arbeitsschritte müssen Arbeitsunterlagen erstellt werden.

Arbeitskarten und Stücklisten enthalten für die einzelnen Bearbeitungszentren die genaue Beschreibung der Arbeitsvorgänge, die Verwendung der dafür benötigten Betriebsmittel sowie die zeitlichen Vorgaben für die Dauer der Arbeitsabläufe.

Veränderungen im Arbeitsablauf der bestehenden Arbeitspapiere müssen unverzüglich zu Anpassungen der Unterlagen führen, um Wiederholungsfehler zu vermeiden und die Prozesse zu optimieren.

Die Pflege der Arbeitspapiere ist eine grundsätzliche Aufgabe, da andernfalls eine Terminplanung, Materialwirtschaft und entsprechende Steuerung nicht möglich ist.

Weitere Schritte der Arbeitsplanung sind die Kalkulation der Fertigungskosten auf Basis der Arbeitskarten und die Programmierung der Produktionsmaschinen, die mit CNC-Steuerung ausgestattet sind.

Ziel ist ein inhaltlich und zeitlich lückenloser Fertigungsablauf für jedes Produkt, das im Unternehmen hergestellt wird.

Arbeitskoordination und Steuerung

Auf Basis der ermittelten Arbeitsunterlagen führt die AV folgende Tätigkeiten durch:

- Materialdisposition
- Terminplanung
- Kapazitätsplanung
- Fertigungssteuerung
- Engpasssteuerung

a. Materialdisposition

Die Materialdisposition setzt eine ordnungsmäßige Lagerwirtschaft voraus, sodass momentaner und zukünftiger Bestand mit den Planzahlen übereinstimmen. Über Fertigungsstücklisten lässt sich daraufhin der Materialbedarf ermitteln und über den Zeitablauf hinweg kalkulieren.

b. Terminplanung

Die Durchlaufterminierung sorgt dafür, dass die einzelnen Arbeitsschritte zeitpunktgenau aufeinander abgestimmt werden können und keine Leerlaufzeiten entstehen.

Die Terminüberwachung wird durch einen sogenannten Terminjäger sichergestellt. Da sich die Verschiebung von Terminen aufgrund von Kundenwünschen, Materialverzug, Maschinenausfällen oder Personalengpässen nicht immer verhindern lässt, ist die Einrichtung dieser Stelle unabdingbar.

Er ist der Dreh- und Angelpunkt zwischen Vertrieb, AV und Produktion und agiert als „Problemlöser".

c. Kapazitätsplanung

Aus dem Auftragsdurchlauf ergibt sich die Auslastung der Kapazitätseinheiten Betriebsmittel (Maschinen, Werkzeug) und Arbeiter. Über EDV-Systeme wird eine periodisch gleichmäßige Auslastung errechnet.

Bei der Personalbedarfsplanung werden zunächst die Istzeiten erfasst und zu Sollzeiten aufbereitet bzw. zu Planzahlen.

Der Personalbedarf richtet sich immer nach dem Absatz und sollte so variabel wie möglich gehalten werden.

Auftragsüberhänge können kurzfristig über Zeitarbeitskräfte ausgeglichen werden. Langfristig wird das Stammpersonal aufgestockt.

d. Fertigungssteuerung

Die AV erstellt für jeden Auftrag Begleitpapiere, bestehend aus Auftragsinformationen (Kunde, Produkt, Menge etc.), Materialentnahmescheinen, Laufkarten usw. Diese „begleiten" den Auftrag in die einzelnen Fertigungsbereiche und zeigen unmittelbar den Fertigungsstand an.

e. Engpasssteuerung

Die AV stellt die Kontrolle des Durchlauffortschritts sicher. Sollten sich kurzfristig Engpässe einstellen, koordiniert sie die Gegenmaßnahmen.

Die Übersicht über den Auftragsdurchlauf kann neben EDV-technischer Lösungen auch an Plantafeln angezeigt werden.

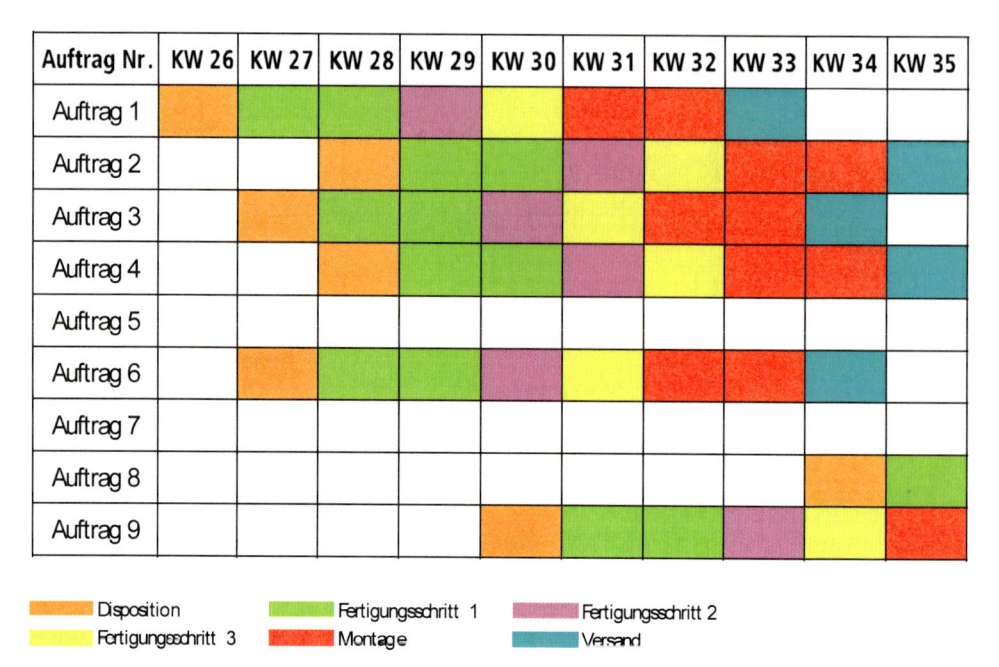

Abb. 12: AV-Plantafel

Nach Erfassung der bearbeiteten Aufträge werden diese in die hierfür vorgesehenen Felder eingefügt und der Auftragsablauf in Gang gesetzt. Farblich markierte Felder zeigen an, wo sich der Auftrag gerade befindet und welchen Zeitraum dieser Fertigungsschritt bei den jeweiligen Aufträgen benötigt. Die Plantafel dient weiterhin dem Terminjäger dazu, seine Aufgaben und Handlungen zu koordinieren.

Über die geschilderten Aufgaben stellt die AV zusätzlich zur Leitstellenfunktion auch eine Informationssammelstelle dar. Sie stellt die Informationen für die Unternehmensleitung, z. B. in Form von Kapazitätsauslastungen, bereit. Das Controlling kann Daten für das interne Rechnungswesen nutzen. Der Vertrieb erhält jederzeit Auskünfte über Auftragsstände und Termine.

2.5.3. Bestandsreduzierung in der Lagerwirtschaft

Bei maroden Unternehmen liegt die Liquidität vielfach im Lager. Um zu große Bestände abbauen zu können, sollte ein systematisches Vorgehen geplant werden.

Folgende Arbeitsschritte haben sich in der Praxis bewährt:
1. Ermittlung der Istsituation
2. Zielvereinbarungen
3. Maßnahmenkatalog
4. Terminliste/Aufgaben

Istsituation

Bestimmen Sie einen Vergleichszeitraum für die Erfassung der Lagerbestände und ziehen daraus genaue Aussagen zum Anteil Bestandserhöhung/Preiserhöhung in der Vergleichsperiode.

	März 2003 [in T€]	März 2004 [in T€]
Rohmaterial		
Halbfertige Produkte		
Handelsware		
Summe		

Zielvereinbarungen

Die optimale Bestandsgröße sollte den Marktforderungen entsprechend festgelegt werden. Dieser Wert ist variabel, in kurzen Zeitabständen (mtl., Quartal) zu überprüfen und der Liquiditätsplanung anzupassen.

Maßnahmenkatalog

Die zu treffenden Maßnahmen unterteilen sich in:

    a. Sofortmaßnahmen
    b. Mittelfristige Maßnahmen

Unter Sofortmaßnahmen versteht man:

- Überprüfung aller im Betrieb befindlichen Lageraufträge und Beurteilung hinsichtlich des Bedarfs

- Reduzierung der Alarmfaktoren auf Bewertungskennzahlen

- Festlegung einer Losgröße aller zu fertigenden Lageraufträge bis zu einem Zeitraum von max. 4 Wochen.

- Tägliche Betriebsbegehung der Projektleitung mit den verantwortlichen Mitarbeitern aus dem Bereich Fertigungsplanung, Steuerung, Materialwirtschaft

- Verweigerung der Materialannahme bei Lieferung nicht abgerufener Ware

Die mittelfristigen Maßnahmen umfassen:

- Überprüfung/Anpassung aller Disponentenfelder (Losgrößen)

- Überprüfung, welche Langsamdreher/Ladenhüter für gängige Artikel verwendet werden können, Abmaße kürzen etc.

- Überprüfung/Anpassung, der im Rohmaterial üblichen Bestellsystematik

- Bevorratung einer Abruf-Losgröße von Standardartikeln beim Lieferanten

- Dokumentation/Bewertung der Vereinbarungen und Liefertreue

- Erstellung sogenannter „Mülllisten", welche einen Überblick über Langsamdreher und Ladenhüter geben. Definition: alle Artikel, die in den letzten 12 Monaten max. 3 x auf dem Lager bewegt wurden

Terminliste

Die zeitliche und organisatorische Abfolge wird anhand von Terminlisten verbindlich festgelegt.

Aufgabe	Verantwortlich	Bemerkung	Termin
Zielvorgaben, Quantifizierung	Herr Müller		KW 14
Bestellvorschläge zur Prüfung	Herr Schmitz		KW 17
Info an Materialwirtschaft/ Fertigungsleiter über Sofortmaßnahmen	Frau Meier		KW 25
Überprüfung/Anpassung aller Disponentenfelder	Herr Schulze	Faktoren vorab pauschal auf 0,40 reduziert	KW 23
Bestandslisten	Herr Muster		KW 20
Verwendbarkeit Langsamdreher prüfen	Herr Mustermann		KW 15
Maßnahmen Einkauf	Herr Miele	Besprechung am	KW 28
Analyse der Bestandsentwicklung	Frau Koch		KW 28
Erarbeitung Mülllisten	Herr Knabe		KW 21

Abb. 13: Terminliste

2.5.4. Standardisierung

Eine weitere Maßnahme im Restrukturierungsprozess ist die Implementierung der innerbetrieblichen Standardisierung in der Produktion.

Der Begriff macht bereits deutlich, dass es sich im Kern um die Schaffung einheitlicher Standards im Bereich von Typen, Maßen und Abläufen geht. Dieser Vorgang wird teilweise auch Modularisierung genannt.

Ziel ist, kundenspezifische Forderungen (Sonderanfertigungen) innerbetrieblich in die Serienfertigung einzubinden. Die Produktion sollte am Ende des Prozesses Komponentenfertigung anhand von Baugruppenstücklisten für die einzelnen Produkte durchführen können.

Die Vorteile dieser Form der betrieblichen Fertigung sind:

- Kostengünstigere Produktion
- Vereinfachte Kostenrechnung
- Vereinfachte Bestandsdisposition und Beschaffungswesen
- Flexiblere und schnellere Fertigung = kurze Lieferzeiten
- Vereinfachte Übersicht und Kontrolle des Produktionsprozesses

Ein organisierter Produktionsapparat ermöglicht es dem Unternehmen, auf die Bedürfnisse der Kunden flexibel und nahezu umgehend zu reagieren.

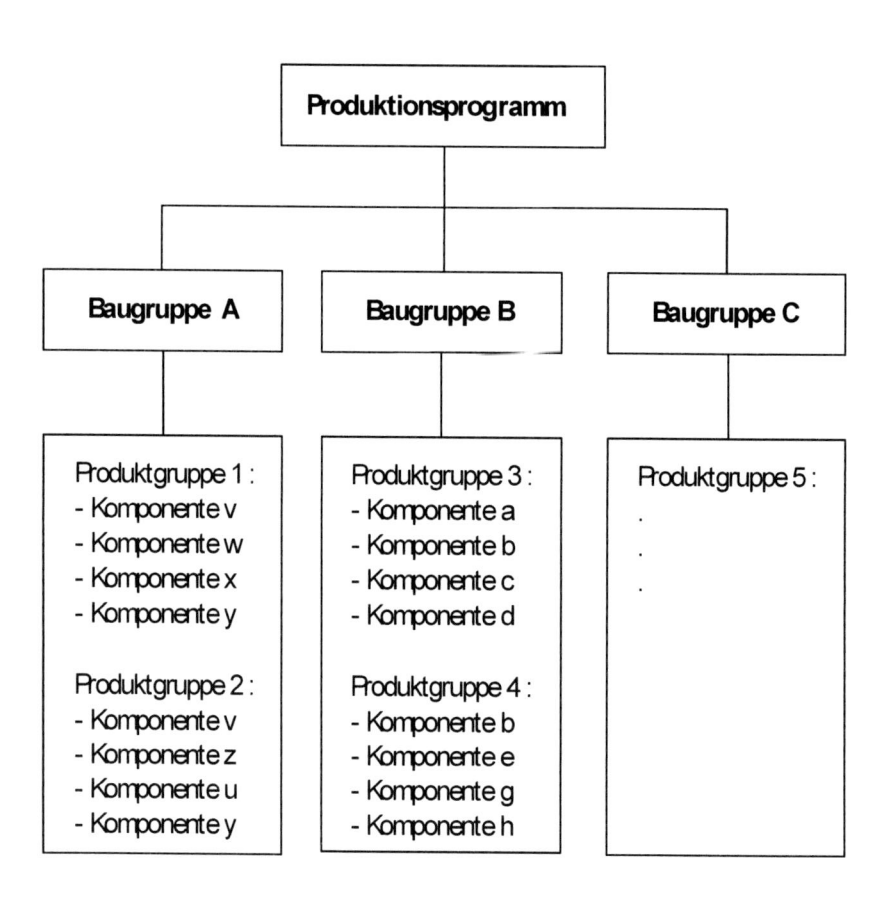

```
                    Produktionsprogramm
         ┌──────────────────┼──────────────────┐
    Baugruppe A         Baugruppe B        Baugruppe C
         │                   │                   │
 Produktgruppe 1:    Produktgruppe 3:    Produktgruppe 5:
  - Komponente v      - Komponente a       .
  - Komponente w      - Komponente b       .
  - Komponente x      - Komponente c       .
  - Komponente y      - Komponente d

 Produktgruppe 2:    Produktgruppe 4:
  - Komponente v      - Komponente b
  - Komponente z      - Komponente e
  - Komponente u      - Komponente g
  - Komponente y      - Komponente h
```

Abb. 14: Stücklisten

2.5.5. Leistungsbezogene Kennzahlen

Bei der Führung eines Unternehmens sind Kennzahlen unverzichtbar. Kennzahlen bieten einen schnellen Überblick und lassen sich vergleichsweise einfach kommunizieren.

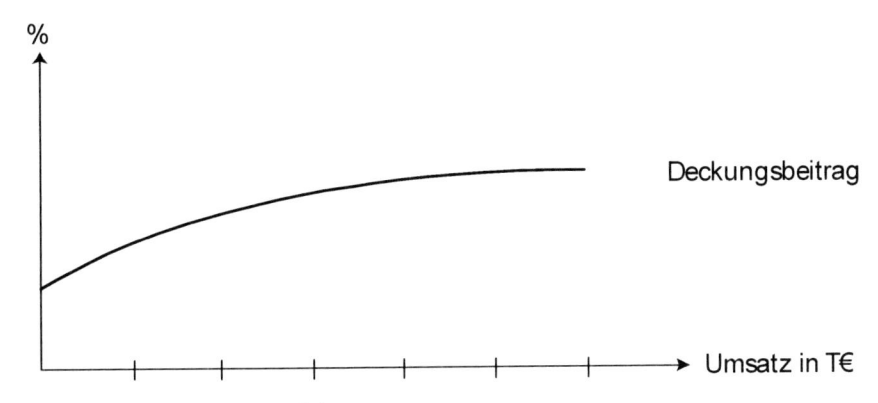

Abb. 15: Deckungsbeitrag im Diagramm

Die Umsätze des Unternehmens werden beispielsweise anhand des Deckungsbeitrages analysiert und diejenigen Produkte forciert, die hohe Deckungsbeiträge generieren.

Das gleiche Prinzip findet auch in der Kostenrechnung Anwendung. Über den Betriebsabrechnungsbogen (BAB) sollte im Rahmen der Zuschlagskalkulation nach Verlustbringern und profitablen Einheiten unterschieden werden.

Hier sollte nach dem Verursacherprinzip vorgegangen werden. Das sogenannte Gießkannenprinzip der Gemeinkosten ist so weit wie möglich zu vermeiden, damit profitable Bereiche nicht die Last der defizitären tragen müssen.
Ein weiteres Anwendungsgebiet für Kennzahlen ist die Aufwand-(zu)-Nutzen-Analyse. Produktivität, Auslastung usw. fungieren als Kontrollinstrumente für die effiziente Arbeitsweise im Unternehmen.

Zielsetzungen und deren Einhaltung lassen sich anhand von Kennzahlen vereinfacht steuern.

Wertschöpfungskoeffizient (WPK)

$$WPK = \frac{Wertschöpfung * 100}{Personalkosten}$$

Der Wertschöpfungskoeffizient (WPK) ist eine nützliche Kennzahl zur Steuerung des Unternehmens. Er misst die betriebliche Leistung zu den verursachenden Personalkosten.

Anhand des WPK-Wertes lässt sich gleichzeitig sowohl absolut wie prozentual die Wertschöpfung in Relation zu dem Gesamtaufwand an Personalkosten ermitteln. Der WPK-Wert sollte auf Basis der bereinigten Erlöse, d. h. dem Rohertrag, berechnet werden.

Der normale Mittelwert des WPK schwankt von Unternehmen zu Unternehmen. Er markiert Mindestdaten und Alarmgrenzen. Dadurch zeigt er relativ deutlich an, in welcher ertragsmäßigen Situation sich das Unternehmen befindet.

Wertschöpfungskoeffizient

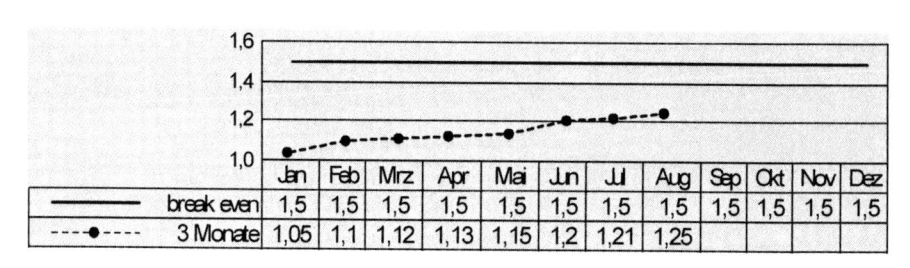

	Jan	Feb	Mrz	Apr	Mai	Jun	Jul	Aug	Sep	Okt	Nov	Dez
break even	1,5	1,5	1,5	1,5	1,5	1,5	1,5	1,5	1,5	1,5	1,5	1,5
3 Monate	1,05	1,1	1,12	1,13	1,15	1,2	1,21	1,25				

Abb. 16: WPK

Weitere Beispiele für Kennzahlen:

- Umsatz pro Fertigungsstunde
- Rohertrag pro Fertigungsstunde
- Weitere betriebliche Kennz.
- Deckungsbeitrag/ Fertigungsstunde
- Materialeinsatzquote
- Reklamationskennziffer
- Ausschussquote
- usw.

2.6. Restrukturierung des Vertriebs

2.6.1. Einführung

In maroden Unternehmen zeigen sich bei der Analyse der Vertriebsstrukturen teilweise eklatante Mängel.

Vielfach liegen die Gründe für den Untergang nicht nur in der Produktion. So stellt man häufig erstaunt fest, dass die Produkte auf höchstem technischen Niveau sind, die Qualität internationaler Standard, und dennoch schreibt das Unternehmen tiefrote Zahlen. Der Schwachpunkt ist das Vertriebskonzept.

Die US-amerikanische Unternehmenskultur sieht den Absatz als das Herzstück jeder Tätigkeit an. Die innerbetriebliche Bedeutung des Vertriebs ist dort ungleich größer als hierzulande und auch die verkäuferische Schulung der Vertriebsleute intensiver.

Die Gründe hierfür liegen sicherlich darin, dass die amerikanische Wirtschaft importlastig ist, dennoch sollte man prüfen, inwiefern Teile dieser Vertriebskultur auf deutsche Verhältnisse übertragbar sind.

Lernen Sie von den Erfolgreichen.

Die deutsche Dienstleistungsbranche beispielsweise führt schon seit einigen Jahren die Philosophien und Methoden amerikanischer Unternehmen ein. Die Ausbildung und Weiterbildung im Retail Geschäft der Banken hat sich hierin tief greifend verändert.

Dabei handelt es sich nicht um revolutionäre Verfahren oder gar um neue Erkenntnisse. Vieles ist Bestandteil dessen, was man gemeinhin als „deutsche Tugenden" bezeichnet.

Der Unterschied liegt in der intensiven Konzentration auf Verkaufstechniken und der Entwicklung einheitlicher Vertriebskonzepte.

2.6.2. Organisation

In vielen kleinen und mittleren Unternehmen zeigt sich der Vertrieb oft unstrukturiert und undurchsichtig.
Einzig bekannt ist häufig nur, dass es dabei wohl um Kundenkontakte geht.

Der erste Ansatz ist deshalb, die innerbetrieblichen Strukturen neu zu ordnen.

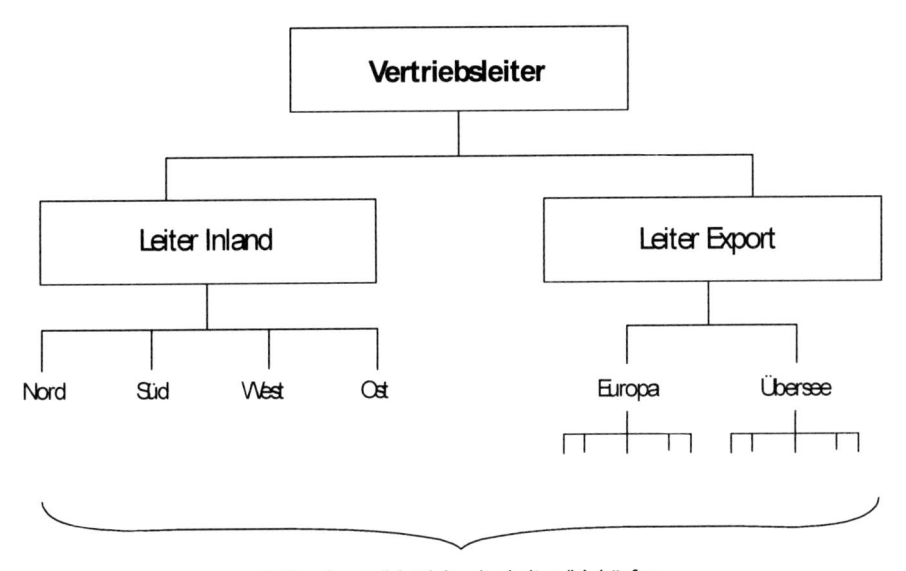

Abb. 17: Vertrieb

In der Organisation müssen Struktur und Verantwortlichkeiten eindeutig erkennbar sein. Achten Sie darauf, dass so wenig „Häuptlinge" wie möglich vorhanden sind. Bündeln Sie Kompetenzen und besetzen diese mit fähigen Leuten.

Datenmaterial über Umsatzvolumina, Key-Kunden, Absatzentwicklung usw. fehlen oder sind nur deshalb in unzureichendem Maße vorhanden, weil es kein systematisches Vorgehen im Vertrieb gibt und die Verantwortlichkeiten nicht geregelt sind.

2.6.3. Vertriebskonzept

Für die Gestaltung und Umsetzung eines effizienten Vertriebskonzeptes muss man weder Marketing studiert haben noch akademische Verfahren im Detail kennen.

Ein Zitat von Dwight D. Eisenhower trifft es relativ deutlich:

„Ein Manuskript, das nicht auf einer Seite Platz findet ..., ist weder durchdacht noch entscheidungsfähig." [1]

Wichtig in diesem Zusammenhang ist eine einheitliche Philosophie klar zu formulieren, von der Unternehmensspitze bis hin zur absatzmarktorientierten Fertigung.

Kundenorientierung

Die Orientierung am Kunden ist das A und O. Verkaufen (und produzieren) Sie nicht, was Ihnen gefällt, sondern das, was der Kunde wünscht.

Der Ausgangspunkt eines jeden Vertriebskonzeptes ist die Kundenorientierung.

Dieser Punkt kann nicht genug betont werden, da sich in dieser einfachen Philosophie meist ein entscheidender Knackpunkt wiederfindet.

---

[1] Dwight D. Eisenhower , 14.10.1890–28.3.1969
US-Präsident von 1953 bis 1961;
Oberbefehlshaber der alliierten Streitkräfte während des 2. Weltkrieges

Unternehmen, die in Krisen geraten, waren in der Vergangenheit häufig zu selbstverliebt. Die eigene technische Qualität, vielleicht sogar Überlegenheit, wurde hochgelobt, und man konnte einfach nicht verstehen, wieso die Kunden das nicht auch so gesehen haben. Es wurde sich ganz offensichtlich nicht die Frage gestellt, was der Kunde eigentlich will.

Der Kunde sagt Ihnen, was er braucht, Sie müssen nur zuhören!

Natürlich macht er das nicht ganz offen, aber sein Handeln und seine Aussagen sind für den aufmerksamen Verkäufer unmissverständlich.

Somit muss bei den Mitarbeitern und den Führungskräften ein Umdenken stattfinden. Dies ist ein durchaus schwieriger Prozess, da die wenigsten mit kunden- und serviceorientierten Methoden vertraut sind, sondern vielmehr aus einer technischen Schule kommen.

Er muss aber durchlaufen werden, um einen wirklichen Neuanfang zu schaffen und nicht in kürzester Zeit wieder dort anzugelangen, von wo aus man gestartet ist.

Das Vertriebskonzept muss vom ganzen Unternehmen getragen werden und das ganze Unternehmen umfassen. Es geht nicht rein um die Optimierung einer Abteilung, vielmehr handelt es sich um die Positionierung des Unternehmens am Markt.

Das Konzept stellt insoweit auch einen Führungsstil dar und ist Ausdruck des unternehmerischen Selbstverständnisses.

Mittlerweile ist auch in der Beraterpraxis das Marketing die beliebteste, weil jüngste Disziplin. Darüber hinaus gibt es wenige Bereiche, in denen Theorie und Anglizismen so schön zusammenpassen und die so wenig Erfahrung benötigen.

Die Praxis zeigt aber, dass Marketingseminare und seitenweise Auswertungen und Empfehlungen auf Hochglanzberichten in maroden Betrieben häufig verpuffen, obwohl es durchaus gute Ansätze gibt.

So funktioniert es nicht. Man muss die Leute an die Hand nehmen und ihre Begeisterung und auch Aufopferungsbereitschaft für das Unternehmen wecken. Wenn man so will, muss man die Mitarbeiter mit dem Firmenvirus impfen.

Es muss nicht heißen „ich" oder „die Firma", nein, im Unternehmen muss wie selbstverständlich von „wir" gesprochen werden.

Dies ist insofern für den Vertrieb bedeutend, weil Vertrieb schon in der Fertigung beginnt!

Einheitliche Arbeitskleidung und Gestaltung des Betriebes sind in jedem Fall lohnende Investitionen, da sie nach außen hin sichtbarer Ausdruck von Aufbruchstimmung und neu geschaffenem Wir-Gefühl sind.

Dies sind unschätzbar wichtige Faktoren bei der Sanierung eines Unternehmens.

Ein Unternehmen, das insolvent war, muss Vertrauen bei Lieferanten und Kunden wiedergewinnen. Ein einheitlicher Firmenauftritt signalisiert, dass Bewegung, Dynamik und Engagement wieder vorhanden sind.

Der Kunde assoziiert die für ihn erkennbaren Qualitäten des Unternehmens auf dessen Produkte.

Das Vertriebskonzept ist das, was Externe vom Unternehmen sehen und nicht nur allein deswegen Erfolgsfaktor für das Bestehen am Markt.

Dem Zitat am Anfang des Kapitels folgend fassen wir die Inhalte eines Vertriebskonzeptes wie folgt zusammen:

- Zielsetzungen
- Strategie
- Kommunikation

2.6.4. Zielsetzungen

Wie bereits erwähnt, kann die Definition von unternehmerischen Zielen ein aufwendiger Prozess sein. In einer Krisensituation jedoch fehlt hierfür Zeit und Geld. Es gilt, sich auf die Kernpunkte zu konzentrieren. Die Umsatzoptimierung ist hierbei sicherlich der wichtigste Punkt.

Analyse

Die Informationen über die Istsituation des Absatzes aus der Analyse dienen dazu, Ziele neu zu formulieren. Die größten Schwächen des Absatzes sind zumeist:

- Starke Abhängigkeit von wenigen Großkunden
- Wahl von Absatzmärkten mit hohem Konkurrenzdruck
- Falsche Strategie

Zusätzlich müssen die Stärken erkannt und wenn nötig neu definiert werden.

Marktforschung

Um sich Ziele setzen zu können, benötigt man ein möglichst umfassendes Bild über den relevanten Markt, die Kunden sowie seine Konkurrenten.

Die Produkte der Firma auf ihre Stellung im Markt zu überprüfen und darüber Potenziale zu bestimmen, ist unabdingbar. Daran schließt sich die Analyse der Bedarfslage der Kunden an.

Weiterhin sollte man die Methoden und Verfahren des Wettbewerbs beobachten. Was machen Wettbewerber anders als man selbst, worin liegen die Stärken und Schwächen?
Schauen Sie immer rechts und links von sich selbst und lernen Sie von erfolgreichen Unternehmen, auch wenn dies Konkurrenten sind.

Auswahl der Vertriebsbereiche

Die organisatorische Übersicht über den Vertrieb zeigt die Einteilung in inländische Vertriebsbereiche und den Exportbereich. Eine checklistenartige Anordnung der Regionen zeigt oftmals, wo Handlungsbedarf besteht.

Wie ist die Struktur und Qualität des bestehenden Vertriebs? Weshalb wurde in andere Regionen noch nicht verkauft?

Vertriebsbereiche		
Region	Vertriebsform	Qualität
Inland: NRW Bayern Mecklenburg-Vrp. . . .	Handelsvertretung Handelsvertretung Handelsvertretung	schwach sehr gut schwach
Europa: Benelux Frankreich Italien . . .	Eigenvertrieb Handelsvertretung Eigenvertrieb	gut gut schwach
Übersee: USA . . .		

Abb. 18: Vertriebsbereiche

Ziele

Mit dem Überblick aus der Checkliste lassen sich nun Ziele formulieren. Diese sollten realistisch und sachdienlich sein.

Natürlich existieren unterschiedliche Ausgangssituationen, und die Problemfelder variieren von Fall zu Fall. Standardmäßig werden bei der Sanierung aber u. a. folgende Ziele definiert:

- Umsatzsteigerung in den Kernprodukten im Inland
- Neustrukturierung des bestehenden Exportvertriebs
- Reorganisation der Distributionswege
- Ausweitung des Vertriebs auf neue Märkte z. B. in GUS-Staaten

2.6.5. Vertriebsstrategie

Die Wahl der Distributionsform ist die erste Maßnahme bei der Entwicklung der Vertriebsstrategie. Es existieren zahlreiche Formen, für den Investitionsgüterbereich finden sich überwiegend nur 2 Arten:

- Vertrieb über Handelsunternehmen
- Eigenvertrieb

Vertrieb über Handelsunternehmen

Vielfach wird der Vertrieb von Vertriebspartnern übernommen. Das Unternehmen selbst fungiert nur noch als Hersteller und überlässt sämtliche Absatztätigkeit Externen.

Dies kann sinnvoll sein in Regionen, in denen der Aufbau einer eigenen Vertriebsstruktur langwierig und kostspielig ist. Die Erfahrung und das evtl. vorhandene Kundennetz eines Händlers können hier von Vorteil sein.

Die „Gefahr" besteht allerdings darin, sich in eine Abhängigkeit gegenüber dem Vertriebspartner zu begeben und selbst keinen Einfluss mehr auszuüben. Die Nähe zum Kunden fehlt.

Darüber hinaus hat der Händler auch Konkurrenzprodukte im Sortiment und vertritt somit nicht zwangsläufig das Firmeninteresse. Aus der Abhängigkeit heraus kann dadurch teilweise auch eine „Erpressbarkeit" folgen.

Selbstverständlich gibt es vertragliche Möglichkeiten der Regulierung, und in der Theorie nimmt das Spannungsfeld zwischen Handel und Hersteller einen großen Bereich ein. Im Investitionsgüterbereich bei kleinen und mittleren Unternehmen besteht aber häufig nicht genug Marktmacht, um Eigeninteressen nachhaltig durchzusetzen.

Eigenvertrieb

Der Eigenvertrieb der Produkte stellt die größere Herausforderung dar, birgt aber auch mehr Chancen und im Umkehrschluss damit auch Risiken. Es muss eine eigene Strategie entwickelt werden, Vertriebsnetze aufgebaut und Mitarbeiter geschult werden.

Im weiteren Verlauf gehen wir bei der strategischen Planung von Eigenvertrieb aus, da diese Form für die nachhaltige Sanierung die effizientere ist.

Die inhaltliche Ausgestaltung ist eine arbeitsintensive Aufgabe, da viele Strukturen erst geschaffen werden müssen. Mehr als das jedoch müssen evtl. vorhandene Blockadehaltungen gegen ungewohnte Methoden und Arbeitsweisen behandelt werden.

Inhaltliche Gestaltung der Vertriebsstrategie

- Datenaufbereitung
- Kundenlisten/Kontaktlisten
- Auswahl der Verkaufsmethoden
- Mitarbeiterauswahl
- Verkäuferschulung
- Dokumentation
- Anreizsysteme
- Kontrolle

1. Datenaufbereitung

Vorbereitend gilt es, die bestehenden Vertriebsdaten aufzuarbeiten. Dies beinhaltet, die Informationen über Umsatzvolumina und Entwicklung je Kunde auszuwerten, um daraufhin einen Überblick über die letzten Jahre zu erhalten.

Erstellen Sie hierzu, falls nicht vorhanden, Tabellen, welche die Kunden mit den gesammelten Daten aufführen. Nutzen Sie nach diesem Schema die Aufstellung nach Vertriebsbereichen.[2]

Stellen Sie Nachforschungen an, was die Ursachen für evtl. Veränderungen oder Negativentwicklungen waren, um Ihre Vorgehensweise bei der Neuausrichtung der Vertriebstätigkeit zu planen und das zukünftige Marktverhalten zu bestimmen. Aus welchen Gründen gab es Umsatzrückgänge? Wo hatte man besonders starke Absatzgebiete? Welche Rückschlüsse kann man daraus ziehen hinsichtlich Altkundenpflege bzw. Neukundengewinnung?

Region	Bereich	Kunde	Umsatz 01 in T€	Umsatz 02 in T€	Umsatzentwicklung	Ursachen
Inland	NRW	A	1.400	1.200	– 200	Wechsel zu Konkurrent
		B	1.000	0,8	– 200	Eigener Produktionsrückgang
	Bayern	C	2.500	2.000	– 500	Wechsel zu Konkurrent

---

[2] Siehe Abb. 18

2. Kundenlisten

Entwickeln Sie auf Basis der Datenaufbereitung für Ihre Absatzgebiete umfangreiche Listen mit Kunden und Nichtkunden. Es bietet sich zusätzlich die Einrichtung eines EDV-gestützten Kontaktsystems an.

Ergänzen Sie diese Listen mit wichtigen Informationen wie Ansprechpartner, Kaufhistorie, Informationen über den Betrieb des Kunden usw., d. h. mit Informationen, die für den Verkaufserfolg von Bedeutung sein können, und das sind grundsätzlich erst einmal alle Informationen.

IDNR	Name	Ansprechpartner Funktion	Kaufhistorie	Preise	Sonstiges	Hobbies
A123	Schmitz GmbH	Herr Müller Einkaufsleiter Frau Meier QM	01.10.2003 Produkt A 01.12.2004 Produkt B, C 01.09.2005 Produkt A	Rabatt	1.2.04 Defekt Maschine A Reparatur 15.02.2004	Herr Müller ist fußballbegeistert
A124	Tech AG	Dr. Ryan CEO Herr Schulze Controller	01.02.2005 Produkt A, B, C		Englischer Kontakt	Dr. Ryan ist passionierter Golfer

Abb. 19: Kundenliste

Weiterhin sollte eine Übersicht der Unternehmen im Absatzgebiet angefertigt werden, die noch nicht Kunden sind, um eine systematische Ansprache und Angebotserstellung planen zu können.

Diese Unterlagen sind das Handwerkszeug des Verkäuferteams. Ziel ist ein permanenter Kommunikationsfluss mit den Kunden, mit anderen Worten die Herstellung von Kundennähe.

Inland	Vertriebsmitarbeiter
NRW	
a. Log GmbH & Co. KG	
b. Reiff KG	
Bayern	
a. Baya AG	
b. Mountain Ltd.	
c.	
Export	
Europa	
Frankreich	
a. Dessien s.a.	
b. Tonnere	
Polen	
Russland	
.	
.	
.	

Abb. 20: Potenzielle Kunden

3. Auswahl der Verkaufsmethoden

Die richtige Ansprache der Kunden ist für den Verkaufserfolg entscheidend. Dies gilt für jeden Wirtschaftszweig und für jedes Produkt, das man verkaufen will.

Grundsätzlich sollte der persönliche Kontakt im Vordergrund stehen. Das bedeutet, die Vertriebsmitarbeiter müssen „raus zum Kunden". Mobilität und Flexibilität sind demnach Voraussetzung.

Die Auswahl und Schulung der Verkäufer basiert also auf dem Prinzip des persönlichen Kontaktes mit den Kunden. Im Gegensatz zu klassischen Vertriebsmethoden, wie z. B. Messestände und die Angebots- und Auftragsverwaltung im Vertrieb, wird nun aktiv verkauft.

Diese Methode des aktiven Kundenkontaktes benötigt ein strukturiertes Schulungssystem.

4. Mitarbeiterauswahl

In industriellen Vertrieben dominiert technisches Fachwissen. Technischer Kundendienst und Service sind meist die einzig vorhandenen Strukturen.

Verkaufen ist Psychologie!

Darüber hinaus lebt ein Unternehmen nicht von dem, was es produziert, sondern von dem, was es verkauft.

Die Verkäufer müssen also folgende Eigenschaften besitzen:

- Dynamik
- Rhetorik
- Zielstrebigkeit
- Kontaktfreudigkeit

Technischer Sachverstand findet sich bewusst nicht darunter. Ein Verkäufer muss über das Produkt nur die für den Käufer interessanten Daten kennen, der Rest kann über einen technischen Support abgehandelt werden.

So sollten bei der Auswahl der Verkäufer durchaus auch Fachfremde in Betracht gezogen und nach den obigen Kriterien gefiltert werden.

5. Verkäuferschulung

Verkäuferschulung ist in konzentrierter Form das, was von der Unternehmensführung konzeptionell vorgegeben wird.

Die Methoden und Prinzipien können während der Einarbeitungsphase in Seminaren vermittelt werden. Dies ist in der Dienstleistungsbranche gängige Praxis und bietet sich in abgeänderter Form auch in der Schulung der Verkäufer an.

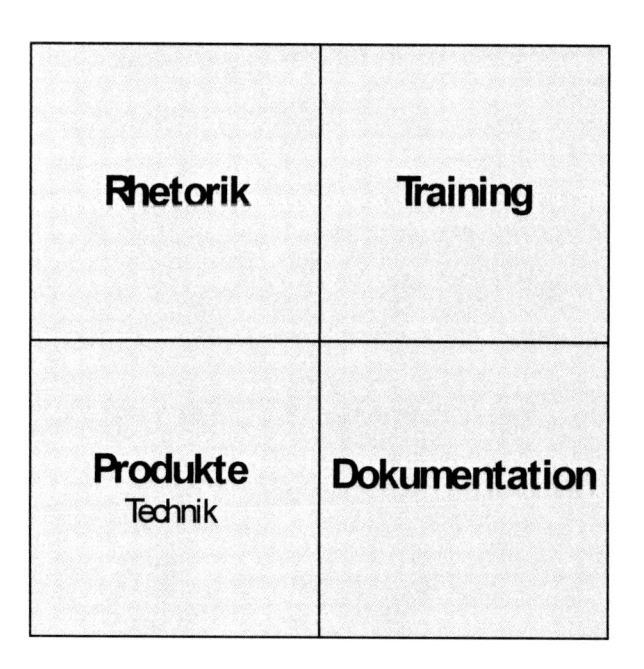

Rhetorik	Training
Produkte Technik	Dokumentation

Abb. 21: Bausteine der Schulung

Das Seminar basiert auf der Vermittlung der für die Vertriebsmitarbeiter wichtigen Konzepte und Inhalte.

Der zeitliche Rahmen variiert je nach Bedarfslage in den Unternehmen. Der einleitende Charakter dieser Veranstaltungen sollte jedoch beibehalten und mehr Aufwand auf die persönlichen Qualifikationen und die Betreuung der Mitarbeiter gelegt werden.

Seminaraufbau			
Seminartage	Zeit	Organisation	Inhalt
1	4 ZE	Führung durch den Fertigungsbereich	Produkte Technik
2	1 ZE	Gesprächsraum	Dokumentation
3	4 ZE	Gesprächsraum, begleitende Durchführung	Rhetorik
4	3 ZE	begleitende Durchführung	Training
	12 ZE		

Abb. 22: Seminarplanung

6. Dokumentation

Führen Sie von Anfang an ein organisiertes Dokumentationssystem im Vertrieb ein, idealerweise EDV-gestützt, im Zweifel mittels Excel-Format.

Als Grundlage nutzen Sie die Kundenlisten und bauen darauf ein umfangreiches Kontaktmanagement auf.

Die Informationen müssen für jeden Mitarbeiter, der Kundenkontakt hat, abrufbar sein.

Vielfach gibt es in Unternehmen einige wenige erfahrene Vertriebsmitarbeiter, deren Wissen sich in den Köpfen befindet. Dort hat es nichts verloren, sondern gehört auf Papier.

Sollten diese Mitarbeiter ausfallen oder das Unternehmen verlassen, ist auf einen Schlag das Herz des Vertriebs und damit meist des gesamten Unternehmens fort.

Die höchste Fluktuation herrscht ohnehin im Absatz, und die Abwerbung von sehr guten Vertrieblern ist gang und gäbe.

Das Wissen jedoch muss im Unternehmen bleiben, somit vereinfacht man das Recruitment und die Nachwuchsförderung.

7. Anreizsysteme

Es ist zu einem probaten Mittel geworden, beispielsweise in Versicherungen, aber auch zunehmend bei Banken, die Verkaufsanstrengungen der Mitarbeiter mit finanziellen Anreizen, Prämien oder Bonifikationen, zu fördern.

Dabei handelt es sich um einen zu Beginn einer Verkaufsoffensive gestarteten Wettbewerb, der demjenigen Vertriebler mit den höchsten Umsätzen irgendeine Form von finanziellem Bonus verspricht.

Mittlerweile gehört diese Art von Anreizsystemen zum festen Bestandteil im Arbeitsalltag dieser Berufsbilder. Man mag dem skeptisch gegenüberstehen, aber es funktioniert, und das ist die Hauptsache.

Im Rahmen der Verkaufsförderung sollte man dies zumindest zu seinen Optionen zählen, da die verbalen Motivationskünste des Managers mit der Zeit ihre Wirkung verlieren.

Wenden Sie diese Maßnahmen an, um Artikelgruppen zu „puschen" bzw. Langsamdreher in ihrem Bestand zu forcieren.

Machen Sie erfolgreiche Verkäufer auch öffentlich namentlich bekannt, indem Sie z. B. die besten drei Verkäufer eines abgelaufenen Geschäftsjahres hervorheben.

Wettbewerb gilt gemeinhin als positive, wünschenswerte Form wirtschaftlichen Handelns. Nutzen Sie diesen Mechanismus auch bei Ihren Verkäuferteams, damit diese ihre Anstrengungen und Ergebnisse weiter optimieren.

8. Kontrolle

Bei der Durchführung der Restrukturierungsmaßnahmen in der Produktion kann es teilweise nötig sein, die eigene Präsenz etwas zurückzufahren, um den Mitarbeitern die Möglichkeit zu geben, sich selbst zu entwickeln, und sie nicht zu „erdrücken". Ziel einer Restrukturierung sollte ja die Eigenständigkeit des Unternehmens sein und nicht eine endlose Betreuung.

Die Situation im Vertrieb stellt sich dahingegen anders dar. Der Begriff Druck hat, was Mitarbeiterführung betrifft, einen eher negativen Ruf. Tatsächlich ist dominant aggressive Leistungsforderung in vielen Fällen hinderlich und motivationshemmend.

In der Dienstleistungsbranche wird bei der Führung der Vertriebsmitarbeiter versucht, über die Ausübung von Nachdruck margenstarke Produkte zu forcieren. Diese sind i. d. R. risikohafter und somit schwerer zu verkaufen.

Das System funktioniert meist über Telefonkonferenzen oder Videomeetings, da die Verkäufer in den Absatzgebieten verteilt sind, bei Dienstleistern in Agenturen oder Filialen.

Dabei wird mit rhetorischen Mitteln „Druck" aufgebaut, zumeist nicht in offener Form, sondern über Berichterstattungen und Fragestellungen.

Die Anwendung dieser Methoden sollte auch bei der Kontrolle der Eigenvertriebstrukturen genutzt werden.

Schaffen Sie zuerst eine Plattform, über die Sie die Kommunikation herstellen möchten:

- Telefonkonferenz
- Videokonferenz
- Persönliche Besuche

Weiterhin setzen Sie regelmäßige Termine für das Stattfinden fest, beispielsweise 14-tägig freitagmittags o. ä. Natürlich können auch unangekündigte, kurzfristige Termine genutzt werden, allerdings erfüllen Routinemeetings bereits ihren Zweck.

Die Dauer dieser Veranstaltungen muss keinen größeren Zeitraum umfassen und kann variabel gehalten werden. Protokolle oder feste Abläufe sind ebenfalls unnötig.

Lassen Sie sich von Ihren Verkäufern ein kurzes Feedback darüber geben, welche Verkaufsaktivitäten sie unternommen haben und welche Rückläufe daraus entstanden sind.

Die wichtigste Frage, die Sie stellen sollten, und das jedes Mal, ist: „Warum?"

Diese offene Frage zwingt den Verkäufer auf milde Art dazu, sich zu äußern und evtl. zu erklären. Stellen Sie durchaus auch weitere unbequeme Fragen, die konkreter auf unterlassene Aktivitäten eingehen. Niemals jedoch verwenden Sie direkte Vorwürfe oder Anschuldigungen. Dies verfehlt den Zweck der Übung.

Ziel ist es nicht, den Verkäufer bloßzustellen oder mit Gewalt unter Druck zu setzen, das ist kontraproduktive Arbeitsweise. Der Effekt sollte der sein, dass die Verkäuferteams ihre Anstrengungen permanent hochhalten, um diesen unbequemen Fragen zukünftig aus dem Weg zu gehen und nur positive Nachrichten in den Meetings vermelden zu können.

Sparen Sie deshalb auch nicht mit Lob, wenn dies angebracht ist. Mehr noch, gratulieren Sie einem Verkäufer zu einem guten Geschäftsabschluss in einem Rundschreiben via E-Mail, die alle Mitarbeiter erhalten.

Die Motive und Zielsetzungen der Telefonkonferenzen z. B. dürfen durchaus „offene Geheimnisse" sein. Dass diese dazu dienen, den Vertriebsmotor am Laufen zu halten, ist klar.

Lassen Sie die Meetings aber nicht zu einer nutzlosen Veranstaltung verkommen, die nicht ernst genommen wird. Unterstreichen Sie immer wieder die Wichtigkeit.

Unterbauen Sie die vertrieblichen Aktivitäten mit Kennzahlen, die zur Kontrolle dienen. Setzen Sie Ziele, wie z. B. dass die Auftragsgenerierung aus Angebotserstellung von 20 % auf 50 % erhöht wird, dass jedes zweite Angebot zu einem Auftrag führt usw.

Kunden sollen zu Mehrproduktkunden gemacht werden, d. h. die Produktdurchdringung beim Kunden muss anhand von Kennziffern festgehalten und optimiert werden.

Ziele:
- permanent hohe Vertriebsaktivität
- Produktdurchdringung

Medium:
- Telefonkonferenz
- Videokonferenz
- Meeting

Methoden:
- unbequeme Fragen
- regelmäßige Veranstaltungen

Mittel:
- Kennzahlen
- Zielsetzung

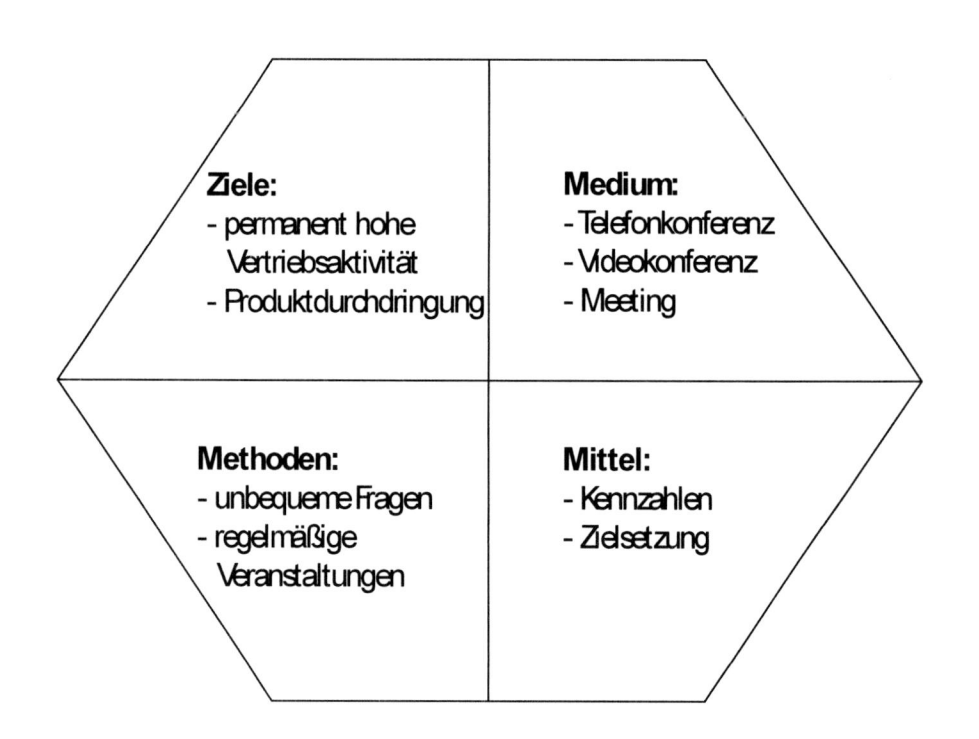

Abb. 23: Kontrolle der Vertriebsaktivitäten

2.6.6. Kommunikation

Bei der Kommunikation sollten die Vorteile eines starken Eigenvertriebs sowohl intern als auch extern genutzt werden.

Interne Kommunikation

Durch die Nähe der Verkäufer zum Kunden entsteht ein Wissenspotenzial über die Bedarfslagen der Kunden. Stärken und Schwächen der Produkte aus Sicht der Kunden führen direkt zu Verbesserungsvorschlägen.

Diese Ideen sollten in die Entwicklung und Fertigung der Produkte eingehen, um die Bedürfnisse der Kunden bestmöglich zu befriedigen.

Der Vertrieb kann dabei helfen, die Forschung und Entwicklung hin zu gewinnbringenden Ergebnissen zu steuern.

Dazu müssen die Blockaden zwischen Fertigung und Vertrieb beseitigt und ein vernünftiger Dialog hergestellt werden.

Je schneller Verbesserungen, die von Kunden angesprochen werden, in die Produkte einfließen, desto effektiver können die Verkäufer beim Abnehmer agieren und den Umsatz steigern.

Externe Kommunikation

Auch bei den Vertriebsmitarbeitern sollte für ein einheitliches Auftreten gesorgt werden. Dies signalisiert dem Kunden Professionalität und sorgt für Wiedererkennungswert.

Auf Messen sollten Geschäftspartner das Unternehmen schon von Weitem identifizieren können. Das bedeutet nicht, dass der Messestand extravagant gestaltet ist.

Das permanente, einheitliche Auftreten der Außenmitarbeiter festigt ein positives Image in der Wahrnehmung der Kunden. Ein Ausstellungsstand z. B. wird von Kunden eher bemerkt, wenn er etwas Bekanntes, Positives aus vergangenen Kontakten verkörpert.

2.6.7. Stammkundenpflege

Bei der Neuausrichtung des Vertriebs darf bei aller Anstrengung in der Neukundenakquise die Betreuung der „Altkunden" nicht vergessen werden. Langjährige und treue Geschäftspartner sollten „gepflegt" werden.

Dazu gehört natürlich der persönliche Kontakt mit den Kunden über die normalen Geschäftsabschlüsse hinaus, um über die Bedürfnisse des Kunden informiert zu sein und ihm das Gefühl von Service und Betreuung zu vermitteln.

Daneben bieten sich traditionelle Preisinitiativen für Stammkunden an:

- Rabatte
- Skonti
- usw.

Geben Sie Anreize für zügiges Zahlungsverhalten, um die eigene Liquiditätsposition zu stärken, bzw. belohnen Sie Kunden, die ihre Außenstände bei Ihnen kurzfristig begleichen. Idealerweise vereinbaren Sie Lastschriftvereinbarungen, wodurch Sie in die Lage versetzt werden, den Zahlungseingang selbst zu bestimmen.

Ein solches Geschäftsverhältnis setzt gegenseitiges Vertrauen voraus, bietet jedoch für beide Vorteile. Zum einen günstige Preisgestaltungsmöglichkeiten und zum anderen Liquiditätsvorteile und Planungssicherheit im Absatz.

3. Investor Relationship Management

3.1. Banken

Privatrechtliche Kreditinstitute und Sparkassen stellen bei mittleren Unternehmen die Hauptgeldgeber dar. Ihrem Geschäftszweck folgend wird dies vorwiegend über Kredite abgewickelt. Dies sind i. d. R. Darlehen und Betriebsmittelkredite.

Da die Darlehensvolumina meist sehr ausgeprägt sind und das Risikoprofil eines einzelnen Kreditinstitutes übersteigen, werden sogenannte Bankenpools gegründet.

Hierbei handelt es sich um Konsortien mit dem Zweck der Risikoaufteilung über die Bereitstellung der Mittel durch mehrere Banken unter der Führung einer Hauptgeldgeberin, der Poolführerin, welche für das Unternehmen auch der Hauptansprechpartner ist.

Die Poolmitglieder sind meist nicht berechtigt, mit dem Kreditnehmer zu kommunizieren. Auch die Konsortialvereinbarungen sind dem Unternehmen meist nicht bekannt.

Die Vergabe neuer Kredite hat sich durch Basel II mittlerweile sehr verändert, und auch bestehende Engagements der Banken werden schon in Ratingverfahren bewertet.

Dennoch ist die Grundlage der Geschäftsbeziehung zwischen industriellem Kreditnehmer und Bank immer noch der persönliche Kontakt mit einem oder mehreren Betreuern auf Bankenseite.

Genau hier liegen auch die Schwierigkeiten begründet. Basis der Kommunikation ist ein Vertrauensverhältnis, die sogenannte Kreditwürdigkeit.

Oft ist der Zeitpunkt, zu dem von Gläubigerseite, also von den Banken, bei Illiquidität oder Überschuldung des Unternehmens die Reißleine gezogen wird, für den neutralen Beobachter meist viel zu spät gewählt. Bis dahin wurde unnötigerweise Geld vernichtet.

Die Ursache für dieses verspätete Handeln liegt in einem Dilemma, in dem sich das Kreditinstitut befindet.

Ein Bankkaufmann ist kein Unternehmer. Diese Welt ist ihm teilweise völlig fremd, da industrielle Vorgänge nicht Bestandteil seines Geschäftsfeldes sind.

Dieses Manko wird versucht über Sicherheitenstellung auszuschalten. Dennoch ist und bleibt der Betreuer am Ende abhängig von den Aussagen der Unternehmensführung und muss dieser Vertrauen schenken.

Betrachtet man sich rückblickend den Niedergang eines Unternehmens, fällt auf, dass dieses Vertrauen in zunehmendem Maße missbraucht wurde. Ist das Unternehmen von Gläubigerseite in die Insolvenz geführt worden oder wurde auf Drängen der Banken eine neue Geschäftsleitung eingesetzt, kommt vonseiten der alten Inhaber meist scharfe Kritik in Richtung der Banken.

Schaut man aber genauer hin, erkennt man recht schnell, dass diese keine Schuld trifft. Der einzige Vorwurf, den die Kreditentscheider gegen sich gelten lassen müssen, ist evtl. übermäßende Naivität. Vielmehr waren es die alten Verantwortlichen, die systematisch Fehlinformationen geliefert haben. Inwieweit dabei der Tatbestand der Insolvenzverschleppung bzw. Betrug erfüllt ist, soll hier nicht Thema sein.

In diesem Kapitel soll auf das korrekte Miteinander zwischen Bank und Unternehmen und die Chancen, die für das Unternehmen in dieser Geschäftsbeziehung liegen, eingegangen werden.

```
                    - Liquidität
                    - Investitionskapital
    ┌──────┐    ───────────────────▶    ┌──────────────┐
    │ Bank │                            │  Unternehmen │
    └──────┘    ◀───────────────────    └──────────────┘
                    Sicherheiten:
                    - Grundsicherheiten
                    - Zessionen
                    - persönliche Haftung

                    Reporting
```

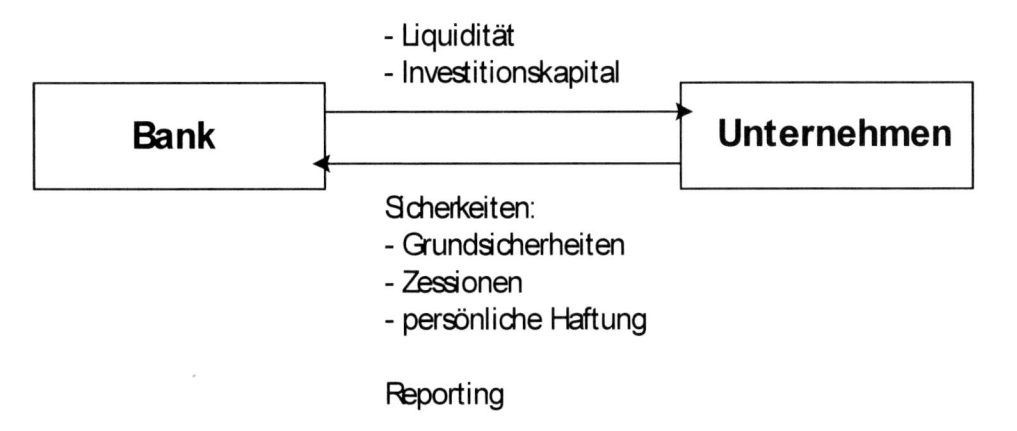

Abb. 24: Geschäftsbeziehungen Bank – Unternehmen

Neben der Bestellung von Sicherheiten fordern Kreditinstitute ein regelmäßiges Reporting in Form von Geschäftsberichten und Jahresabschlussdaten. Dies dient weniger den Kriterien ordnungsmäßiger Buchführung als mehr Kontrollfunktionen. Unternehmer empfinden dies häufig als knebelnde Maßnahmen und sehen Termine bei ihren Geldgebern als lästige Aufgabe an. Um sich unangenehme Gespräche zu ersparen, werden die Berichte geschönt, und die Auskünfte nehmen es mit der Wahrheit nicht ganz so genau.

Diese Einstellung ist grundlegend falsch. Natürlich lassen sich Banken zeitweise hinter das Licht führen aufgrund der bereits geschilderten mangelnden fachlichen Möglichkeiten. Hinzu kann ein geschicktes Verhandlungsverhalten dazu führen, dass die Kreditinstitute sich „ruhig" verhalten.

Allerdings werden schlechtes Tilgungsverhalten, Darlehensaufstockungen und andauernde Belastung des Betriebsmittelkredites auch den gutgläubigsten Banker zum Umdenken bewegen. Das Vertrauen ist dann schnell zerrüttet. Das Klima zwischen Bank und Geschäftsführung dreht und ist bald nicht mehr so freundlich.

Die Fingerschrauben werden angezogen und Druck auf die Unternehmensleitung ausgeübt.

Um keine Missverständnisse aufkommen zu lassen, hierbei handelt es sich nicht um unlauteres Geschäftsgebaren seitens der Banken, sondern lediglich um die logische Konsequenz aus dem Verhalten der Unternehmer.

Aus kaufmännischen Gesichtspunkten stellt sich für die Geldgeber die Frage, wie werthaltig das Engagement überhaupt noch ist oder inwieweit wertberichtigt werden muss. Wenn die Unternehmensleitung nachweislich und bewusst falsche Informationen mitgeteilt hat, kann und darf ihr kein Glauben hinsichtlich der wirtschaftlichen Lage mehr geschenkt werden, und es müssen Gegenmaßnahmen ergriffen werden, um einen Totalausfall des Krediters und damit die vollständige Abschreibung zu verhindern.

Selbst wenn das Unternehmen gute Perspektiven hat und es noch Geduld gebraucht hätte, das vorübergehende Tal zu durchschreiten, wird der Weg der Insolvenz gewählt, weil hierdurch aus Bankensicht eine gewisse Sicherheit über die übrige Werthaltigkeit des Engagements besteht, auch wenn dies nur noch die Verwertung der Sicherheiten bedeutet.

Nochmals sei betont, dies ist nicht Ergebnis falscher oder gar dummer Kreditpolitik, sondern die Folge des unfairen Verhaltens des Kreditnehmers.

Die Alternative für das Kreditinstitut ist, der Geschäftsführung die Auflage zu machen, sich an eine externe Unternehmensberatung zu wenden, um das Unternehmen zu restrukturieren.

3.2. Banken als starke Partner

Deutsche Kreditinstitute sind, was Unternehmenskredite angeht, besser als ihr Ruf. Internationale Großbanken sind hierbei sehr viel rücksichtsloser. Der Unternehmer sollte den Geldgeber als starken Partner auffassen und mit ihm zusammenarbeiten. Bei der Kommunikation sollte er folgende Grundsätze beherzigen:

- Faires Reporting
- Offene Kommunikation
- Ehrlichkeit
- Zusammenarbeit

Die persönliche Eignung des Unternehmers hat für die Banken einen hohen Stellenwert. Vertrauen sie ihm, halten sie auch in schwierigen Zeiten zu ihm und helfen Täler zu durchschreiten. Bewahrheiten sich die Aussagen des Geschäftsführers dann auch, steht für die zukünftige Unternehmensentwicklung ein kapitalstarker und in finanziellen Fragen kompetenter Geschäftspartner an seiner Seite, der ihm gute Spielräume eröffnet und Wagnisse mitträgt.

4. Kooperation mit den Arbeitnehmern

Vielfach sind die Löhne und Gehälter in der Vergangenheit mit der Profitabilität des Unternehmens gestiegen. Die Personalkosten sind neben den Materialkosten meist der größte Kostenblock. Während der schleichenden Insolvenzgefahr wurde dann vonseiten der Unternehmensführung die Forderung an die Mitarbeiter herangetragen, diesen Automatismus auszusetzen. Der Preis hierfür waren Zugeständnisse hinsichtlich der Beibehaltung des Lohnniveaus und der Wochenarbeitszeit.

Alle diese Zugeständnisse aus den guten Zeiten seitens der Arbeitgeber belasten das Unternehmen im Wiederaufbau stark. Hier ist die Arbeitnehmervertretung (Betriebsrat) gefordert, mit der Geschäftsführung bzw. dem Interimsmanager eine Lösung zu finden, die beiden Seiten gerecht wird. Vonseiten der Investoren bzw. der Kreditinstitute wird die Beteiligung der Arbeitnehmerschaft an der Sanierung des Unternehmens in Form von Lohnverzicht, d. h. Wegfall oder Kürzungen bei Urlaubsgeld, Weihnachtsgeld und Mehrarbeitsstunden, ebenfalls gern gesehen. Diese Maßnahmen sollten weiterhin zusätzlich zu Freistellungen getroffen werden.

Aus Sicht des Betriebsrates sind diese Maßnahmen natürlich unannehmbar. Hier ist vonseiten des Managements harte Überzeugungsarbeit gefordert, die mit entsprechender Offenheit über die wirtschaftliche Lage des Unternehmens und zur Verfügungstellung allen Zahlenmaterials vorgebracht werden muss.

Wenn schmerzhafte Personalmaßnahmen notwendig sind, und das sind sie relativ häufig, dann sollten die Gründe offen und ehrlich auf den Tisch gebracht und in Zusammenarbeit mit dem Betriebsrat durchgeführt werden.

4.1. Reduzierung der arbeitsvertraglichen Entgelte

Außerhalb einer Insolvenz ist die Durchführung von Arbeitsentgeltreduzierungen nicht ohne Weiteres möglich. Wenn nicht gar durch tarifliche Bindungen untersagt, bleiben nur 2 Möglichkeiten:

- Änderungsvertrag
- Änderungskündigung

Eine Änderungskündigung jedoch ist nur in Einklang mit den Regelungen des Kündigungsschutzgesetzes möglich. Der Arbeitgeber muss in der Lage sein nachzuweisen, dass die wirtschaftliche Existenz des Unternehmens gefährdet ist und damit weitere Arbeitsplätze, wenn die Arbeitsentgeltreduzierung nicht durchgeführt wird.

Kurzfristige wirtschaftliche Schwächeperioden und Verluste sind kein Grund für andauernde Entgeltkürzung.

Änderungsverträge als zweiseitige, einvernehmliche Vereinbarungen bedürfen offener und ehrlicher Kommunikation und Verhandlungen mit den Mitarbeitern.

Dass es um das Wohl des Unternehmens und seiner Mitarbeiter und nicht einzig um das Kalkül der Investoren geht, muss herausgestellt werden.

4.2. Freiwillige Leistungen

Gratifikationen (freiwillige Leistungen), wie Weihnachtsgeld und Urlaubsgeld, sollen häufig als Erstes in Krisenzeiten gestrichen werden. Allerdings kommt es dabei darauf an, wodurch diese Gratifikationen begründet wurden.

Diese können aus Tarifverträgen, Betriebsvereinbarungen o. Ä. hervorgehen. Sind Gratifikationen erst einmal fester Bestandteil des Arbeitseinkommens, ist deren Streichung nicht ohne die Mitarbeit der Arbeitnehmer möglich.

Dem Betriebsrat kommt als Sprachrohr und Vertretung der Arbeitnehmer bei den geschilderten möglichen Maßnahmen entscheidende Bedeutung zu. Wird versucht, vonseiten des Managements den Betriebsrat zu übergehen, wird dieser natürlich im Rahmen seiner rechtlichen Möglichkeiten blockieren und auf Konfrontationskurs gehen.

Vielmehr muss das Management seine Absichten klar und deutlich erklären und die Notwendigkeit darlegen. Die Mitglieder des Betriebsrates sind häufig langjährige Betriebsangehörige und haben den Niedergang direkt miterlebt.

Das vorherige Management sah in der Arbeitnehmervertretung oft ein Hindernis und hat sich dementsprechend verhalten. Somit ist viel Vertrauen verloren gegangen.

Dieses Vertrauen muss wieder aufgebaut werden. Der Betriebsrat kann wichtige Beiträge zur Restrukturierung leisten, wenn mit ihm offen und gemeinschaftlich zusammengearbeitet wird.

5. Mitarbeiterführung

5.1. Die Rolle des Managements in Krisenzeiten

In den letzten Jahren ist die Anzahl der Insolvenzen ständig angestiegen. Darunter häufig alteingesessene, etablierte Unternehmen mit technisch innovativen Produkten und guter Marktstellung. Worin liegen die Gründe, dass solche Unternehmen, die ehemals Aushängeschilder deutscher Industriekultur waren, an den Rand des Marktaustritts geraten?
Entschuldigungen, wie unvorhersehbare Umstände oder gar Pech? Unwahrscheinlich. Vielmehr sind die Gründe bei den Entscheidungsträgern zu suchen, dort wo das Unternehmen geführt wird.

Bei den hier zu beobachtbaren Fehlern lassen sich folgende herauskristallisieren:

a) Selbstüberschätzung bzw. Überheblichkeit des Managements
b) Falsche Personalpolitik
c) Mangelnde Kommunikation
d) Fehleinschätzung des relevanten Marktes
e) Fehlinvestitionen

Hinzu kommt die Unfähigkeit oder gar Angst, Fehler einzugestehen und dann entschlossen auch eigene Ideen zu verwerfen. Häufig führt dies zu regelrecht sturem Festhalten an Verlustprojekten und Durchhalteparolen.

Bei Pleitemanagern beobachtet man häufig diese Form von Realitätsverdrängung, welche die missliche Lage eher externen Umständen denn eigenem Fehlverhalten zuschreibt. Viel zu oft werden so Chancen vertan, rechtzeitig Gegenmaßnahmen zu ergreifen.

So erklärt es sich dann auch, wie vormals gesunde Unternehmen mit Potenzial unter schlechter Führung illiquide werden und Arbeitsplätze verloren gehen.

5.2. Unternehmensführung

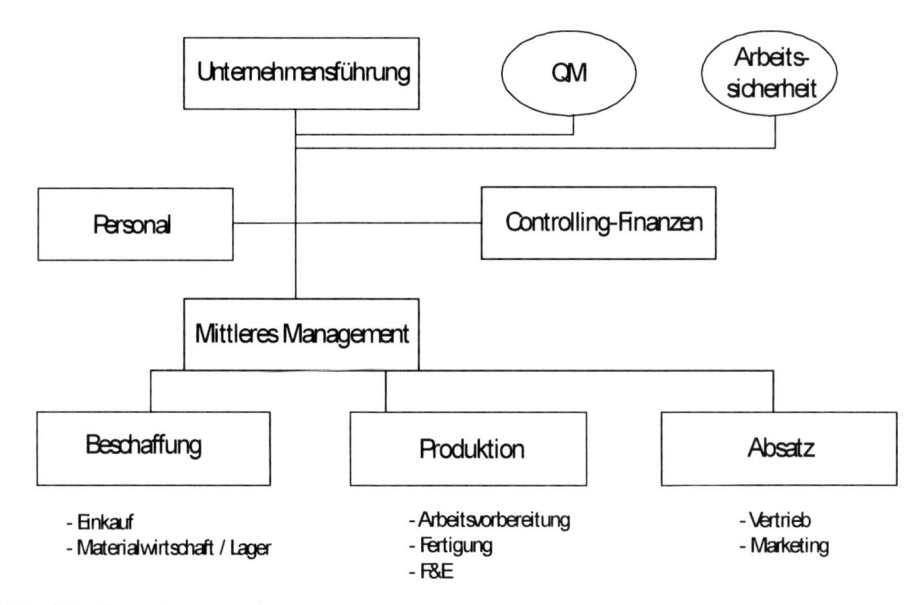

Abb. 25: Organigramm

Die Unternehmensführung hat Vorbildfunktion für den gesamten Betrieb. Niemand wird Leistungsbereitschaft und Engagement von seinen Mitarbeitern einfordern können, wenn der oder die Verantwortliche seinerseits diese Qualitäten vermissen lässt. Man muss sie vorleben.

Die Kommunikation spielt hierbei eine entscheidende Rolle. Ein sehr häufig gemachter Fehler ist der Elfenbeinturm-Chef. Hierbei „versteckt" sich die Unternehmensleitung in ihrem Büro und versucht dem betrieblichen Ablauf, so weit dies möglich ist, aus dem Weg zu gehen.
Die Unternehmensführung ist Teil des Betriebes und muss auch so auftreten.

Für Mitarbeiter hat die Firma ein Gesicht, das des Chefs.

Kommunikation selbst besteht nicht nur aus Rundschreiben, Meetings und Betriebsversammlungen. Kommunikation ist auch Präsenz und Ausstrahlung.

Dazu gehört selbstverständlicherweise persönliche Anwesenheit in der Fertigung. Nicht nur ab und zu, sondern regelmäßig.

Ein Chef, der sichtbar ist und aktiv Maßnahmen und Projekte begleitet, vermittelt Einsatzbereitschaft und Dynamik.

Nur wer selbst brennt, kann andere anzünden.

Diesem Leitspruch kommt erhebliche Bedeutung zu. Um unbeschwert arbeiten zu können, müssen Mitarbeiter sehr viel Vertrauen in ihre Vorgesetzten setzen.

Sie brauchen das Gefühl, dass das Schicksal der Unternehmung, und damit auch ihr eigenes, in fähigen Händen liegt.

Weiterhin bedeutet dies, mit den Mitarbeitern das Gespräch zu suchen und sich für diese Zeit zu nehmen. Hierzu gehört auch, den Mitarbeitern Entscheidungen der Unternehmensleitung in Bezug auf ihren Arbeitsplatz oder ihr Aufgabengebiet zu erläutern.

Somit stärkt man die Bindung an das Unternehmen und die Einsatzbereitschaft für das Unternehmen. Darüber hinaus bleibt die Führungskraft selbst immer auf dem Laufenden über die Vorgänge im Unternehmen und kann die Umsetzung von Maßnahmen direkt kontrollieren.

Abb. 25 zeigt das Grundschema eines Produktionsbetriebes im industriellen Sektor, wie es grundsätzlich überall vorzufinden ist. Aufbauend darauf muss das Unternehmen wie ein „Schiff" gesteuert und manövriert werden. Aus einer Fülle von Informationen und Daten müssen täglich viele wichtige Entscheidungen getroffen werden. Natürlich kann die Unternehmensführung nicht alles selbst machen, sondern muss sich eine „Mannschaft" aufbauen, auf die sie sich stützen kann.

Die Unternehmensspitze gibt die Richtung und die Strategie vor. Mehr als das jedoch muss z. B. der Geschäftsführer aber auch Coach und Motivator für seine Mitarbeiter sein.

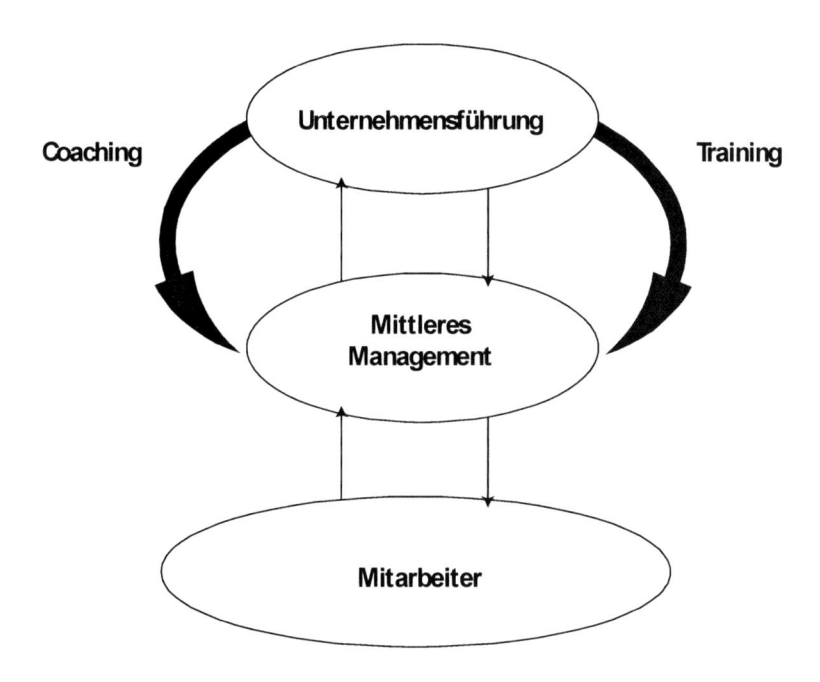

Abb. 26: Führungskräfte-Training

Wie erfolgreich Führungskräfte in diesem Prozess waren, zeigt sich vor allem in Krisenzeiten, wenn die Fähigkeit, Dinge zu überdenken und, wichtiger noch, zu ändern, gefragt ist.

Ist das Unternehmen in Schwierigkeiten geraten, müssen Strukturen erneuert oder neu geschaffen werden. Vor allem im mittleren Management verlangt dies Überzeugungskraft.

Wenn die Vorgaben der Unternehmensführung nicht konsequent von leitenden Angestellten weitergegeben werden, wird Zeit und Geld verschwendet, das zur Gesundung des Unternehmens dringend benötigt würde.

Nur zu oft beobachtet man gerade im mittelständischen Bereich, dass durchaus erkannt wurde, weshalb man in eine Krise geraten ist, es aber in den Führungsstrukturen an der Konsequenz fehlte, effektiv gegenzusteuern. Meistens fehlte der Wille zum Umdenken.

5.3. Führungsstile

Bei vielen Vorgesetzten zeigt sich oft Unbeständigkeit in ihren Verhaltensweisen; sie sind nicht konsequent bei der Führung ihrer Mitarbeiter und wirken teilweise unsicher.

Einen optimalen Führungsstil zu benennen ist äußerst schwierig, da die Persönlichkeit der Kernpunkt jeder Führung ist.

Es gibt jedoch mehrere Möglichkeiten, einen Führungsstil zu interpretieren:

a. Der Kapitän

Sie sind Dreh- und Angelpunkt des Geschehens und geben die Richtung vor, ähnlich dem Kapitän auf einem Schiff. Dabei haben Sie etwas Unantastbares und wirken jederzeit fokussiert auf Ihr Ziel.

b. Der Diktator

Der dominant Führende, der sich ausschließlich auf seine starke Persönlichkeit stützt. Führungskräfte dieser Art waren und sind Gründer von Unternehmen, die nach deren Abtreten Nachfolgeprobleme bekommen. Sie hinterlassen eine sehr große Lücke, weil sie es nicht zugelassen haben, dass sich Nachwuchskräfte heranbilden. Meist konnten sie es aufgrund ihrer Persönlichkeit auch nicht.

c. Der Inspirator/Ideengeber

Er gibt seinen Mitarbeitern das Gefühl, dass deren Ideen gebraucht werden. Er gibt zwar die Marschrichtung vor, vergisst aber nicht, dass alle diese Richtung gehen müssen.

Die Idealvorstellung ist, von allem etwas zu haben.

5.4. Führungsqualitäten

Bei Veränderungsprozessen kommt es auf das Geschick und die Stärke der Führung an, ob und wie schnell die Prozesse abgeschlossen werden.

Nicht jeder ist dazu geeignet, eine Führungsrolle zu übernehmen. Der Umgang mit Menschen ist eine schwierige Kunst.

Eine Führungspersönlichkeit hat nicht nur eine innere Überzeugung, sondern kann auch andere überzeugen. Sie ist fähig, ihrem Umfeld genau zu vermitteln, welche Ziele sie hat und wie sie diese trotz vieler Widerstände erreichen will.

Sie kann Menschen durch ihre Kraft und Leidenschaft inspirieren und dazu motivieren, mit Zuversicht neue Wege zu gehen, die diese einzeln nicht betreten hätten.

Die Menschen, die der Führungskraft daraufhin folgen, tun dies mit Leib und Seele.

Entschlossenheit und unbeirrbarer Wille zum Erfolg sind genauso Zeichen von Führungsstärke wie Mut und Ausdauer. Man darf sich nicht von seinem Ziel abbringen lassen und niemals die Kontrolle über eine Situation verlieren.

Ausstrahlung und Charisma

Innere Überzeugung müssen Sie auch nach außen hin ausstrahlen. Häufig spricht man dabei von Charisma. Gemeint ist damit eine gewisse Anziehungskraft auf sein Umfeld. Das ist ein unterbewusster Effekt, und oft wird die These vertreten, dass man dies nicht erlernen kann.

Wer jedoch selbstbewusst ist, dem spürt man das auch an und dem vertraut man. Deshalb seien Sie immer von der Richtigkeit Ihres Tuns überzeugt. Eine charismatische Person erkennt man an ihrem Willen zum Erfolg und der Weigerung, sich geschlagen zu geben.

Allgemein anerkannte Merkmale von Führungsstärke sind:

➢ EINSATZBEREITSCHAFT

Sie müssen sich einer Sache 100 % verschreiben und mit leuchtendem Beispiel vorangehen. Mitarbeiter spüren, wenn Sie als Führungskraft nicht voll hinter Ihren Überzeugungen stehen, und werden ihrerseits nicht vollen Einsatz zeigen. Sie müssen jederzeit demonstrieren, wie wichtig Ihre Maßnahmen sind und dass Sie keine Verzögerungen erlauben.

➢ SELBSTVERTRAUEN

Seien Sie immer und jederzeit von sich und Ihren Fähigkeiten überzeugt. Dies bedeutet nicht, Kritik gegenüber verschlossen zu sein. Vielmehr ist es ein Zeichen von starker Persönlichkeit, Fehler einzugestehen und mit ganzer Kraft zu korrigieren. Dennoch ist der Glaube an die eigene Stärke ein wichtiger Bestandteil der Führung. Das hat auch nichts mit Arroganz zu tun. Niemand wird Ihnen folgen und sein eigenes Schicksal anvertrauen, wenn Sie nicht mit starkem Selbstvertrauen auftreten.

➢ ENTSCHEIDUNGSFREUDIGKEIT

Haben Sie keine Angst vor Entscheidungen, sondern nutzen Sie evtl. vorhandene Angst, nachdem Sie eine Entscheidung getroffen haben. Diese „zwingt" Sie, sich um die Durchführung und somit den Erfolg einer Maßnahme zu kümmern. Dann wird daraus Erfolg.
Revidieren Sie Fehlentscheidungen. Nur dadurch lässt sich das Unternehmen immer wieder in das richtige Fahrwasser steuern.
Halten Sie sich immer vor Augen: Entscheidungen sind wichtig und müssen getroffen werden.

➢ VORSTELLUNGSKRAFT

Agieren Sie mit Weitblick und Freude am Tun. Haben Sie ständig das positive Endergebnis fest im Blick und vermitteln Sie es an das vorhandene Umfeld.
Betrachten Sie Probleme von allen Blickwinkeln und nehmen Sie die Leute mit auf Ihrem Weg.

➢ URTEILSVERMÖGEN

Sie müssen in der Lage sein, Ihre Mitarbeiter einzuschätzen, diese nach Stärken und Schwächen einteilen und somit jede Position im Unternehmen nach Fähigkeiten optimal besetzen.

5.5. Teamleitung

Hauptaufgabe des Teamleiters ist es, das Leistungspotenzial seiner Mitarbeiter voll auszuschöpfen. Er sollte die Kraft und Energie, die in seinem Team steckt, nicht unterdrücken, sondern für das Ganze nutzbar machen.

Aufgrund seiner Stellung kann der Teamleiter Anordnungen erteilen und seine Vorstellungen durchsetzen. Allerdings erhält er damit weder Respekt noch Anerkennung seiner Mitarbeiter.

Gute Teamleitung bedeutet, seine Mitarbeiter zu motivieren, ihr Bestes zu geben, Eigeninitiative zu entwickeln und eigene Ideen mit einzubringen. Der Arbeitsplatz sollte mehr sein als der Ort, zu dem man täglich hingeht, seine Zeit verbringt und dann wieder heimgeht. Nein, in der Arbeit sollten Menschen die Möglichkeit finden, sich selbst einzubringen und zu verwirklichen. Dies sollte eine gute Führungskraft ermöglichen.

Geben Sie auch Anreize und Perspektiven.

Geld ist als Motivator selten geeignet.

Schaffen Sie vielmehr Vertrauen. Wer vertraut, kann Vertrauen fordern. Setzen Sie positive Signale sowie Vertrauen in Ihre Mitarbeiter und, das ist ganz wichtig, sagen Sie es ihnen auch.

Die Mitarbeiter werden Sie dann nicht enttäuschen.
Beispiel:

Sagen Sie einem Kind: „Das kannst du nicht!", dann glaubt es selbst nicht an sich, und Misserfolg ist vorprogrammiert.

Sagen Sie aber: „Das schaffst du!" oder „Wir schaffen das!", wird der Erfolg absehbar sein.

Seien Sie bei der Lösung von Aufgaben im Team mit ganzem Herzen dabei und zeigen Sie Ihre Freude bei Erfolgen!

5.6. Verbesserungsvorschlagswesen (VV)

Ein innerbetriebliches Vorschlagswesen kann ein wichtiger Baustein sein, um die Einsatzbereitschaft der Mitarbeiter für das Unternehmen zu stärken und ungenutzte Verbesserungspotenziale im Unternehmen freizulegen.

Die Aufgaben eines Verbesserungsvorschlagswesens (VV) sind:

- Motivation der Arbeiter, über ihre Arbeitsaufgabe hinaus freiwillig Vorschläge zur Verbesserung betrieblicher Erzeugnisse oder Vorgänge einzureichen.

- Prüfung der Vorschläge

- Empfehlungen

- Prämienberechnung

Fördern und fordern Sie die Mitarbeit am Unternehmen. Zeigen Sie Ihren Mitarbeitern, dass ihre Ideen wichtig sind. Viele Prozessverbesserungen können nur durch praktische Erfahrung und Anwendung am Arbeitsplatz erkannt werden.

Diese sollten nicht ungenutzt verkümmern. Neben evtl. Kosteneinsparung ist der Motivationsschub, verursacht durch die Anerkennung des Mitarbeiters, welcher den Verbesserungsvorschlag initiierte, unschätzbar.

Kommunizieren Sie diese Mitarbeiter im Unternehmen durch Aushang oder Bekanntmachung, ähnlich eines Mitarbeiters des Monatssystems.

Ein Muster eines mit den Vertretern der Arbeitnehmerseite zu vereinbarenden Verbesserungsvorschlagswesens wird im Anhang zu diesem Kapitel vorgestellt.

5.7. Widerstände und Blockadehaltung

Wenn Prozess- und Strukturänderungen in einem Betrieb nötig werden, zeigen sich häufig Widerstände und Blockaden gegen die Veränderungen. Diese entspringen natürlichen, menschlichen Verhaltensweisen und lassen sich somit im Vorfeld fast nicht verhindern.
Die einzelnen Stufen der Widerstandsentwicklung bei Implementierung neuer Prozesse in einem Unternehmen zeigen sich wie folgt:

1. Abwehr	Prozessveränderung wird als Bedrohung wahrgenommen und abgelehnt. Gründe für die Krisensituation werden woanders gesucht. Schuldzuweisungen.	**resistance**
2. Demotivation	Angst, Ärger über neue Situation, die Anpassung an fremde Gegebenheiten erfordert.	
3. Akzeptanz	Die Realität wird als solche angenommen. Auseinandersetzung mit der neuen Arbeitsweise.	**acceptance**
4. Optimismus	Prozessveränderung wird als Chance wahrgenommen und aktiv am Arbeitsplatz umgesetzt.	
5. Implementierung	Der Prozess wird nicht mehr als neu empfunden. Arbeitsweisen und Problemstellungen des Prozesses sind vollständig in das tägliche Geschäft eingebunden.	**support**
6. Unterstützung	Die positiven Auswirkungen wurden erkannt, und Veränderung wird als dynamisches Element der Arbeit aufgefasst. Eigene Vorschläge entstehen.	

Abb. 27: Widerstände

Die ersten beiden Phasen werden bei Restrukturierungsprozessen jeglicher Art in dieser oder ähnlicher Form durchlaufen und stellen den Manager vor eine kraft- und zeitintensive Aufgabe.

Für den Erfolg der Maßnahmen und damit auch für den Erfolg einer Restrukturierung ist die Auseinandersetzung mit diesen Problemen und die begleitende Durchführung der Prozessveränderung eminent wichtig.

Offensichtlich stellt dies die Führung vor andere Schwierigkeiten als die Mitarbeiter. So müssen auch leitende Angestellte auf diese Probleme eingestellt und geschult werden.

Die Herangehensweise an die erfolgreiche Bewältigung der dargestellten Widerstände lässt sich anhand folgender Maßnahmen zeigen:

- Notwendigkeit der Prozessänderung herausstellen

    - Betonung der negativen Folgen und Sanktionen, wenn sich nichts verändert
    - Aktives Vorgehen gegen blockierende Verhaltensweisen

- Feedback

    - Geben Sie den Mitarbeitern die Möglichkeit zu reflektieren, die Bedeutung der Maßnahmen und die positiven Auswirkungen zu erkennen
    - Unterstreichen Sie die ersten, kleinen Erfolge
    - Begleiten Sie die Maßnahmen und lassen Sie sich regelmäßig Feedback über den Stand der Maßnahmen geben

➤ Dynamik

- Sorgen Sie für „Aufruhr", ohne aber in blinden Aktionismus zu geraten. Dadurch laufen Sie Gefahr, unglaubwürdig zu werden. Das Unternehmen muss aktiviert werden und in Bewegung geraten. Achten Sie dabei aber stets darauf, Ihre Ziele und Vorgehensweisen immer deutlich und klar zu artikulieren.

➤ Vorschlagswesen [1]

- Fördern und fordern Sie die aktive Mitarbeit an Veränderungen, indem Sie z. B. Prämiensysteme schaffen. Viele Potenziale, die ungenutzt im Unternehmen schlummern, lassen sich so wecken.

---

[1] Siehe Kapitel 5.6.

5.8. Anhang zu Kapitel 5

IHRE TÄGLICHEN IDEEN

Es vergeht kein Tag, an dem Sie nicht eine Idee haben, wie wir in unserem Betrieb – Ihrer Meinung nach – etwas besser machen könnten. Sie betrachten Ihr Werkzeug und sagen: „Der Griff müsste fünf Zentimeter länger sein." Sie blicken auf Ihre Maschine und meinen: „Wenn der Hebel hier vorn wäre, bräuchte ich nicht hin und her zu laufen." Sie suchen irgendein Material und fragen: „Warum kann man es nicht griffbereit neben die Maschine legen?" Sie sprechen zu Ihrem Kollegen: „Das ist unglücklich organisiert." Oder Sie äußern sich ein wenig ärgerlich: „Da ist schon wieder ein Fehler! Wenn die da drüben grundsätzlich die Liste A mit der Liste B verglichen, bräuchten wir nicht zwei Stunden am Tag herumzusuchen."

Freilich: Unter <<Ihren täglichen Ideen>> sind etliche nicht verwertbar. Ihre Verwirklichung erforderte vielleicht höhere Kosten als sie Nutzen brächten. Vielleicht bedeutete ihre Verwirklichung auch nur für Sie persönlich eine Erleichterung, für andere Mitarbeiter aber eine Erschwerung der Arbeit. Vielleicht ist Ihre Verwirklichung technisch oder organisatorisch nicht möglich.

Aber unter <<Ihren täglichen Ideen>> befinden sich auch einige vorzügliche. Wenn Sie uns diese unterbreiten, erweisen Sie unserem Betrieb einen sehr guten Dienst. Wir könnten vielleicht Geld sparen, wir könnten vielleicht auch noch schneller produzieren und unsere Büroarbeit noch rationeller gestalten. Wir könnten vielleicht unsere Erzeugnisse noch verbessern.

Wir könnten vielleicht verhindern, dass einem unserer Mitarbeiter ein Unfall zustößt.

Das normale Schicksal <<Ihrer täglichen Idee>> ist aber leider, dass sie kommt – und wieder verschwindet. Während der Arbeit haben Sie keine Zeit, den Einfall in ein paar Stichworten aufzuschreiben. Und wenn Sie Ihr Werkzeug aus der Hand legen oder Ihren PC abschalten, sind Sie meistens froh, dass nun die wohlverdiente Freizeit anbricht.

<u>Was aber wird aus Ihrer Idee?</u>

Sie dürfen sich nicht darauf verlassen, dass eines Tages „die Zuständigen draufkommen."

Niemand kennt die vielen Details Ihrer Arbeit so gut wie Sie selbst. Niemand ist für die Rationalisierung Ihrer Arbeit mehr „zuständig" als Sie selbst.

Die folgenden Seiten enthalten Gedankenstützen für Sie, gute Ideen im Rahmen der Sparsamkeit, Sorgfalt, Schnelligkeit und Sicherheit zu finden.

Lesen Sie bitte die folgenden Anregungen gründlich durch. Streichen Sie die für Sie unzutreffenden Punkte durch. (Als Facharbeiter haben Sie z. B. kaum eine Möglichkeit, die Telefonkosten zu senken.) Nehmen Sie sich dann der Reihe nach und mit Geduld die offenen Punkte vor. Überlegen Sie bitte, ob Sie nicht an Ihrem Arbeitsplatz die eine oder andere Aufgabe lösen können. Haken Sie diese Punkte ab.

SPARSAMKEIT

Können Sie ...

☞ den Stromverbrauch mindern
(Beleuchtung, Heizung, Kühlung, Antriebskraft, Transportkraft)?

☞ sonstige Energie sparen
(Öl, Dampf, Gas, Pressluft)?

☞ Rohmaterial besser auswerten
(Abfall vermindern oder verwerten, Ausschuss vermindern oder verwerten, Reste verwerten)?

☞ die Ausnutzung von Werkzeug und Geräten erhöhen
(bessere Pflege, vielseitigeren Gebrauch, höhere Verschließfestigkeit)?

☞ Hilfs- und Betriebsstoffe halten?
☞ Verpackungsmaterial sparen?
☞ den Frachtaufwand senken?
☞ Portokosten mindern?
☞ Telefonkosten verringern?
☞ Büromaterial sparen?

SORGFALT

Können Sie ...

☞ die Produkte verbessern
(repräsentativer, zweckmäßiger machen)?

☞ Fehlerquellen ausschalten
(durch Maschinen, Werkzeug, Geräte, Hilfs- und Betriebsstoffe, Einrichtungsgegenstände, Transport, Lagerung, Versand, bei Verwaltungsaufgaben jeder Art)?

☞ Kontrollen verbessern
(des Rohmaterials, der Fertigware, der Maschinen und Geräte, der Hilfs- und Betriebsstoffe, einzelner Arbeitsgänge, von Verwaltungsaufgaben jeder Art)?

☞ Arbeitsverfahren präzisieren?

☞ Werkzeug und Geräte verfeinern
(Veränderung, Neuentwicklung)?

☞ Schäden verhindern
(am Produkt, am Material, an Maschinen, Werkzeugen und Geräten, an Hilfs- und Betriebsstoffen, an Transportmitteln, Möbeln und Einrichtungen)?

☞ die Reinigung intensivieren
(Maschinen, Werkzeug, Geräte, Arbeitsraum)?

☞ die Berücksichtigung von speziellen
Kundenwünschen organisatorisch erleichtern?

☞ die Übersichtlichkeit vergrößern
(an Maschinen, in Arbeitsräumen, in Lagern und Magazinen aller Art, der Ablage, bei Karteien, Personalakten, Statistiken, technischen Unterlagen, Schriftverkehr)?

SCHNELLIGKEIT

Können Sie ...

☞ den Transport beschleunigen
(Wege verkürzen, Geschwindigkeit erhöhen, Kraftaufwand reduzieren)?

☞ den Maschinenausstoß erhöhen
(Leerlauf beseitigen, Bearbeitungsverfahren abkürzen, den Ausnutzungsgrad der Energie verbessern, die Konstruktion dem speziellen Zweck gemäß korrigieren)?

☞ Handarbeit mechanisieren?

☞ die Zahl der Handgriffe verringern
(Doppelarbeit abschaffen, überflüssige Arbeit abschaffen, Arbeitsgänge vereinfachen oder kombinieren, die Reihenfolge von Arbeitsgängen zeitsparend ändern)?

☞ Wartezeit vermindern?

☞ Werkzeug und Geräte handlicher machen
(verändern, neu entwickeln)?

☞ die Reinigung beschleunigen
(der Maschine, von Werkzeug und Gerät, Ihres Arbeitsplatzes, des Raumes)?

☞ Kontrollen erleichtern
(Maschinen, Werkzeug, Geräte, Arbeitsraum)?

☞ die Verpackung rationalisieren?

☞ die Auslieferung beschleunigen?

☞ die Zahl der täglichen Schritte verringern
(griffbereite Lagerung von Rohware, Material, Hilfs- und Betriebsstoffen, Werkzeugen, Geräten, flüssiger Abtransport von Fertigware und Abfall, räumliche Konzentration von Armaturen und Bedienelementen, bessere Beobachtungsmöglichkeiten der maschinellen Arbeitsgänge)?

☞ die Auftragsbearbeitung abkürzen?
☞ die Disposition vereinfachen?
☞ schematische Briefe abkürzen?
☞ die Korrespondenz verringern?
☞ Formulare übersichtlicher und kürzer gestalten?
☞ Buchung, Statistik, Lohnabrechnung und andere Verwaltungsaufgaben vereinfachen?

SICHERHEIT

Können Sie ...

☞ Feuergefahren beseitigen
(durch selbstentzündliches Material, explosive Dämpfe, mangelhafte Isolation, Reibungshitze, Funkenflug, hochentzündliche Chemikalien)?

☞ Gefahrenstellen abschirmen
(an Maschinen, Aufzügen, Stapeln, Gerüsten, in Krankenbereichen, Schwenkbereichen, bei Unübersichtlichkeit, in Räumen mit großem Lärm, bei Transmissionen, auf Treppen)?

☞ die Handlungssicherheit von Werkzeug und Gerät erhöhen?

☞ Armaturen und Schalthebel gegen unbeabsichtigte Berührung absichern?

☞ Missbräuche unmöglich machen
(von Transportmitteln, Maschinen, Hilfs- und Betriebsstoffen, Energiequellen, Steckdosen, Pressluftflaschen, Gasleitungen, Ölleitungen, Feuerstellen, Generatoren, Dampfleitungen, von Geräten und Einrichtungsgegenständen)?

☞ Transportwege sichern
(gegen fallende Gegenstände, zu große Schwenkbereiche, an Engpässen, unübersichtlichen Kurven, Anstoßstellen)?

Gehen Sie nun ans Werk und beachten Sie bitte Folgendes:

1. Denken Sie Ihren Vorschlag von allen Seiten durch. Hüten Sie sich vor allem, einen Vorteil mit einem Nachteil zu verbinden, also z. B. Sparsamkeit durch einen Verlust an Sicherheit zu erkaufen, Schnelligkeit auf Kosten der Sorgfalt erreichen zu wollen. Finden Sie nirgends einen Haken an Ihrer Idee?

2. Schreiben Sie Ihren Vorschlag so klar wie möglich nieder. Vordrucke hält Ihr Vorgesetzter und die Betriebsvertretung für Sie bereit.

    Wenn Sie eine Skizze beifügen können, tun Sie es. Gelingt Ihnen die klare Abfassung nicht, haben Sie noch Bedenken, bleibt noch eine Schwierigkeit offen, dann wenden Sie sich an Ihren Vorgesetzten. Er hilft Ihnen gern. Stellen Sie genau die vermutlichen positiven Folgen dar. Ersparnis? Sicherheit? Schnelligkeit? Sorgfalt?

    Schreiben Sie Ihren Vorschlag nieder, sobald Ihnen der Gedanke kommt. Falls Ihnen Erprobung möglich ist, führen Sie diese umgehend durch und arbeiten Sie dann den Vorschlag sogleich aus. Verbesserungen, die bereits länger als 6 Monate praktiziert werden, sind nicht mehr prämienberechtigt.

3. Ihren Vorschlag können Sie bei Ihrem Vorgesetzten oder dem Betriebsrat abgeben, der ihn an die Geschäftsstelle zur Bearbeitung weitergibt. Sie können ihn auch direkt bei der Geschäftsstelle abgeben.

4. Die Prüfung Ihres Vorschlags erfolgt durch unsere Kostenrechnung. Der Beschluss wird Ihnen in jedem Fall schriftlich mitgeteilt.

VERGÜTUNG

I. Die Verbesserungsvorschläge werden nach folgenden Richtlinien klassifiziert:

1. Vorschläge, welche die Firma verwendet und
   a) deren wirtschaftlicher Wert erfasst ist
   b) deren wirtschaftlicher Wert nicht erfasst ist

2. Vorschläge, die nicht verwendet werden

II. Die nach I. klassifizierten Vorschläge werden wie folgt anerkannt:

Die zu I.1.a) mit einer Prämie, die mit einem Prozentsatz des im ersten Jahr der Anwendung im Unternehmen erzielbaren Nettonutzens festgesetzt wird. Der Jahresnettonutzen ergibt sich aus dem Bruttonutzen abzüglich der nach kaufmännischen Grundsätzen ermittelten anteiligen Einführungskosten (das sind Kosten für Konstruktion, Änderung, Entwicklung und Anschaffung).

Seien Sie überzeugt, dass Ihr Vorschlag einen Erfolg für Sie darstellt, auch wenn er sich nicht verwirklichen lassen sollte!

6. Eigenmotivation

6.1. Reflexionsmethodik

Die Handhabung von Widerständen in den eigenen Reihen der Unternehmung und die permanente, konsequente Umsetzung der Restrukturierung erfordert Willensstärke.

Die begleitende Durchführung von Reorganisationen stellt oft zusätzlich die eigene Geduld auf die Probe.

Dies alles ist ein zermürbender Prozess, der dazu führen kann, dass die eigene Standhaftigkeit bröckelt und „Motivationslöcher" auch beim Manager entstehen.

Da man für die Mitarbeiter besonders in schwierigen Zeiten „der Fels in der Brandung" sein muss, gilt es Wege zu finden, selbst die Kraft und Entschlossenheit niemals zu verlieren.

An der Spitze ist es einsam. Diese Weisheit bedeutet für den Manager nicht nur Freiheit, sondern auch Verantwortung allein zu tragen. Niemand kontrolliert seine Entscheidungen, sondern jeder vertraut auf deren Richtigkeit.

Die folgenden Methoden haben sich in der Praxis zur Stärkung der eigenen Überzeugungskraft bewiesen:

Reflexion:
- Überdenken Sie Ihr Handeln. Führten die Maßnahmen zum erwünschten Erfolg? Weshalb trat ein Misserfolg ein? Was hatte einen positiven Effekt? Sind Sie in Ihrem Zeitplan dort, wo Sie sein wollten?

Konzentration:
- Fokussieren Sie Ihr Handeln auf die wichtigen Aspekte. Schieben Sie unbequeme Entscheidungen nicht auf. Demonstrieren Sie Stärke und Entschlossenheit. Seien Sie konsequent in Ihren Entscheidungen.

Zielorientierung:
- Wichtige Maßnahmen erlauben keinen Aufschub. Halten Sie sich immer wieder vor Augen, welche Konsequenzen Zögern haben wird.

Eigenmotivation:
- Stellen Sie Erfolge heraus. Denken Sie in Lösungen und nicht in Problemen.

```
           Reflexion
              ↘
Zielorientierung  ( Überzeugung )  Konzentration
              ↗
         Eigenmotivation
```

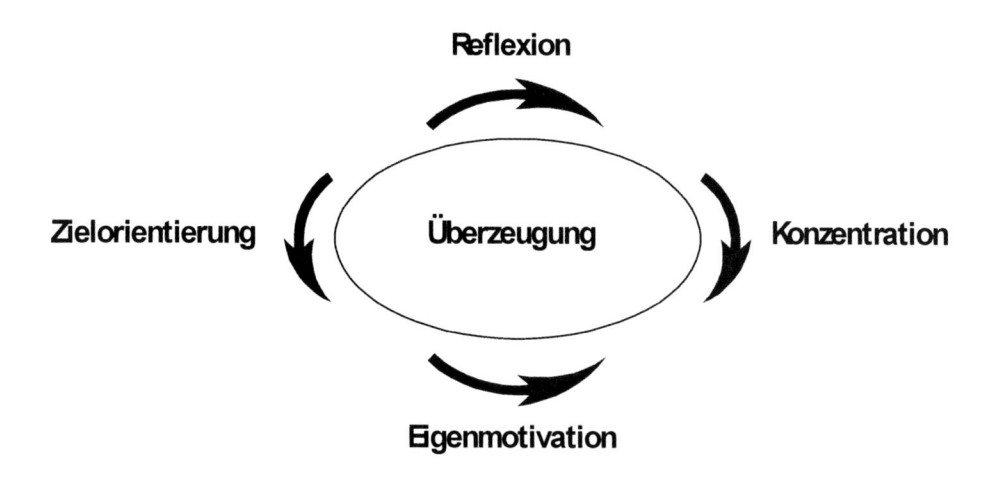

Abb. 28: Reflexionsmethodik

Ein Manager muss also lernen, sich selbst zu hinterfragen, er muss sein schärfster Kritiker und sein eigener Motivator sein. Er muss ständig das Ziel vor Augen haben und darauf hinarbeiten.

Der Schlüssel ist positives Denken!

Herausforderungen dürfen keine Belastung werden, sondern etwas, auf das man sich freut. Suchen Sie immer wieder nach den Bereichen Ihrer Arbeit, die Ihnen Freude machen.
Das Prinzip ist das gleiche wie bei einem schulpflichtigen Kind.

Wenn es nicht gern zur Schule geht, gar Angst davor hat, wird es schlechte Leistungen bringen. Freut es sich aber darauf, in die Schule zu gehen, wird es in der Lage sein, sehr gute Leistungen zu erbringen, weil es mit Begeisterung arbeitet.

7. Stellenbeschreibungen

Nicht vorhandene Stellenbeschreibungen sind vielfach einer der Gründe, warum Löhne und Gehälter aus dem Ruder gelaufen sind. Im Rahmen der Reorganisation ist es deshalb Teil der Aufgabe, Mitarbeiter in neuen Stellen zu positionieren. In diesem Fall werden Arbeitsplatzänderungskündigungen angewandt.

Um Änderungskündigungen durchführen zu können, benötigt man klare und eindeutige Stellenbeschreibungen. Es müssen für alle Abteilungen gründliche Tätigkeitsbeschreibungen der darin enthaltenen Arbeitsplätze angefertigt werden. Ziel dieser Maßnahme ist Art und Umfang sowie evtl. Schwierigkeitsgrad der Aufgabe bestimmen zu können, um Mitarbeiter ihrer Qualifikation und Erfahrung entsprechend optimal einzusetzen.

Beispiel für Tätigkeitsbeschreibungen:

Lagerist

Auffassen und Kommissionierung der Artikel gemäß Liste. Prüfung auf Plausibilität, ggf. korrigierende Schritte einleiten. Daten mit Bestand abgleichen und Abweichungen korrigieren. Ware am definierten Lagerort beschädigungsfrei einlagern. Daten in EDV-System einbuchen. Abweichungen zu Stücklisten an zuständige Stelle melden und Klärung kurzfristig herbeiführen. Kommissionen transportfähig verpacken. Empfangsortspezifische Verpackungsvorschriften beachten. Lieferpapiere komplettieren und Ware ordnungsgemäß an Spedition übergeben. Inventuraufnahme der Lagerbestände anhand einer Zählliste.

Der Arbeitsvertrag sollte grundsätzlich eine genaue Stellenbeschreibung, die Tätigkeiten und Verantwortlichkeiten zweifelsfrei definiert enthalten.

Der Aufbau stellt sich wie folgt dar:

STELLENBESCHREIBUNG	
STELLENBEZEICHN.	Bezeichnung gemäß Organigramm
STELLENKURZZEICH.	Evtl. Kurzzeichen gemäß Organigramm
STELLENINHABER	Vor- und Nachname
VORGESETZTER	Stellenbezeichnung des unmittelbaren Vorgesetzten
MITARBEITER	Stellenbezeichnung der direkten Mitarbeiter
VERTRETUNG	Regelung der aktiven und passiven Vertretung
ZIELE DER STELLE	Kurzbeschreibung der wesentlichen Ziele
AUFGABENBEREICH	Überblick über die Aufgaben der Stelle, wo sinnvoll, gegliedert nach den Bereichen/Objekten Personal, Maschinen, Material, Auftragsabwicklung, Information und sonstige Aufgaben. Auf eine detaillierte Beschreibung der Arbeitsabläufe wird verzichtet. Mit jeder Aufgabe sind untrennbar die Verantwortung für die Erfüllung der zugehörigen Qualitäts-, Kosten- und Zeitziele sowie alle formalen Kompetenzen verbunden.
BEFUGNISSE	Die Art der Befugnisse/Kompetenzen sollte möglichst genau beschrieben werden.
QUALIFIKATION	Notwendige - Vor- und Ausbildung - Berufserfahrung - Besondere Anforderungen

Zur weiteren Verdeutlichung findet sich im Anhang zu diesem Kapitel ein Muster für eine Stellenbeschreibung.

7.1. Anhang zu Kapitel 7

```
                    Stellenbeschreibung


1. Bezeichnung der Stelle:
                    Sachbearbeiter Stammdaten


2. Name des Stellinhabers: Max Muster


3. Personal Nr.: 123


4. Kostenstelle: 456


5. Vorgesetzter: Technischer Leiter


6. Überstellung:
                Dem Stelleninhaber sind
                folgende Stellen unterstellt:
                Technische Auftragsbearbeitung
```

7. Ziele der Stelle:

Der Stelleninhaber hat seine Aufgaben so wahrzunehmen, dass:

- alle anfallenden Aufgaben sachlich richtig, termingerecht, zügig und wirtschaftlich erledigt werden,
- Aufträge in den Gesamtprozess reibungslos eingegliedert werden können,
- die vorgegebenen Kostenbudgets eingehalten werden,
- die vorgesetzte Stelle jederzeit über den Stand der Entwicklung und besondere Vorkommnisse unterrichtet ist,
- Vertraulichkeit über interne und externe Daten gewahrt bleibt.

Der Stelleninhaber organisiert seinen Bereich so, dass:

- die Abteilung Stammdaten zu einem verbindenden Element zwischen Vertrieb, Konstruktion, Beschaffung, Produktion und Kostenrechnung wird.

8. Aufgaben und Kompetenzen:

Folgende Aufgaben hat der Stelleninhaber selbst wahrzunehmen:

Er **entscheidet** über
- die Richtlinien und schriftlichen Anordnungen für die nachgeordneten Bereiche,
- die Urlaubsplanung und Freistellung für Schulungsmaßnahmen in seinem Bereich,
- vorübergehenden Personalausgleich innerhalb der nachgeordneten Bereiche bei Engpässen.

Er **kontrolliert**
- die Unterlagen der Konstruktion und Stücklisten auf Übereinstimmung mit den fertigungstechnischen Belangen,
- Ordnung und Sauberkeit in seinem Bereich,
- die Einhaltung der Bestimmungen zu Arbeitssicherheit und Umweltschutz.

Er **erfasst, erstellt, pflegt**
- Texte in den Stammdaten,
- Herstellkosten, soweit möglich,
- Arbeitspläne und Stücklisten,
- Tabellen aus REFA-Daten (Vorgabe, Rüstzeit, Planzeit),
- Vorkalkulationen zur Wirtschaftlichkeitsberechnung bei neuen Produkten

Bei der Erfüllung seiner Aufgaben hat sich der Stelleninhaber die Initiative und das Mitdenken seiner ihm unterstellten Mitarbeiter nutzbar zu machen.

9. Einzelaufträge:

Der Stelleninhaber ist verpflichtet, neben den oben aufgeführten Aufgaben auf Weisungen des Vorgesetzten Einzelaufträge auszuführen, die dem Wesen nach zu seiner Tätigkeit gehören oder sich aus betrieblichen Notwendigkeiten ergeben.

10. Besondere Befugnisse: keine

11. Stellvertretung:

Der Stelleninhaber wird nebenamtlich begrenzt vertreten durch einen von ihm benannten Mitarbeiter seines Verantwortungsbereiches.

Diese Stellenbeschreibung tritt mit dem Tag der Unterzeichnung in Kraft. Sie gibt den gegenwärtigen Stand wieder. Die technische Leitung behält sich vor, die Stelle an die sich ändernden Bedingungen anzupassen.

Der Stelleninhaber _____2006

Der Vorgesetzte der Stelle _____2006

Nächster Revisionstermin: Januar 2007

8. Leistungsorientierte Entlohnungssysteme

Leistungsorientierte Entlohnungssysteme entsprechen vielfach den Forderungen von Arbeitgebern und Arbeitnehmern gleichermaßen, Entgelte entsprechend der erbrachten Leistung zu vergüten. Zusätzlich soll dadurch eine leistungssteigernde Wirkung erzielt werden.

Bei der Einführung solcher Entlohnungsformen müssen jedoch viele Einflussfaktoren und betriebsspezifische Bedingungen berücksichtigt werden. So müssen Betriebsvereinbarungen mit den Vertretern der Arbeitnehmerschaft über die Ausgestaltung der Lohnsysteme getroffen werden.

In der jüngeren Vergangenheit haben die Entgeltrahmenvereinbarungen (ERA) zwischen den Tarifparteien der Metall- und Elektroindustrie auf diesem Gebiet für großes Interesse gesorgt. Im Folgenden wird bei der Betrachtung hiervon Abstand genommen, da es sich dabei um ein komplexes Feld handelt, und auf innerbetriebliche Lösungen kurz eingegangen.

In der Theorie hat sich bis jetzt noch keine vollends überzeugende und praktikable Methode durchgesetzt, ein leistungsorientiertes Entlohnungssystem zu implementieren. Da mittlerweile eine Vielzahl von Variationen und möglichen Anwendungen existiert, ist eine abschließende Darstellung nicht möglich.

In diesem Kapitel wird das sogenannte Prämienlohn-Modell (PL-Modell) vorgestellt. In Kombination mit betriebswirtschaftlichen Kennzahlen werden die Mitarbeiter hierbei darauf orientiert, aktiv am Wertschöpfungsprozess teilzunehmen und durch persönliche Einflussnahme das Unternehmen zu verbessern.

PL-Modell

Begriff des Prämienlohns

Unter einem Prämienlohnsystem wird ein Entlohnungsgrundsatz verstanden, bei dem zu einem Grundlohn (Fixanteil) ein zusätzliches, in Abhängigkeit von der erbrachten Leistung objektiv feststellbares Entgelt (Prämie) hinzukommt.

Merkmale

Die Grundlage der Prämienberechnung stellen Soll-Leistungsdaten dar, welche aus Berechnungen der Arbeitsvorbereitung bzw. REFA hervorgehen.

Darin enthalten sind Informationen über:

- normale Mitarbeiterleistung
- normale Betriebsmittelnutzung
- Planzeiten
- Ausschussvermeidung
- Ausfallzeitenvermeidung
- etc.

Auf Grundlage dieser Daten wird ein genau definiertes Standardleistungsergebnis ermittelt. Ist das tatsächliche Leistungsergebnis höher als der Standardwert, steigt der Lohn durch die entsprechende Prämie.

Als Bezugsmerkmale lassen sich z. B. Menge, Qualität der Leistung, Nutzungsgrad der Betriebsmittel usw. wählen.

Die Ausgestaltung des Standardleistungsergebnisses ist Teil betrieblicher Verhandlungen bzw. Vereinbarungen. Richtlinien finden sich ebenfalls in Tarifverträgen.

```
                    ┌─────────────────┐
                    │    Lohnformen    │
                    └────────┬─────────┘
              ┌──────────────┴──────────────┐
        ┌─────────┐                  ┌──────────────┐
        │ Zeitlohn │                  │ Leistungslohn │
        └─────────┘                  └───────┬──────┘
                              ┌──────────────┴──────────────┐
                        ┌───────────┐                ┌─────────────┐
                        │ Akkordlohn │                │ Prämienlohn │
                        └───────────┘                └──────┬──────┘
                                              ┌─────────────┴─────────────┐
```

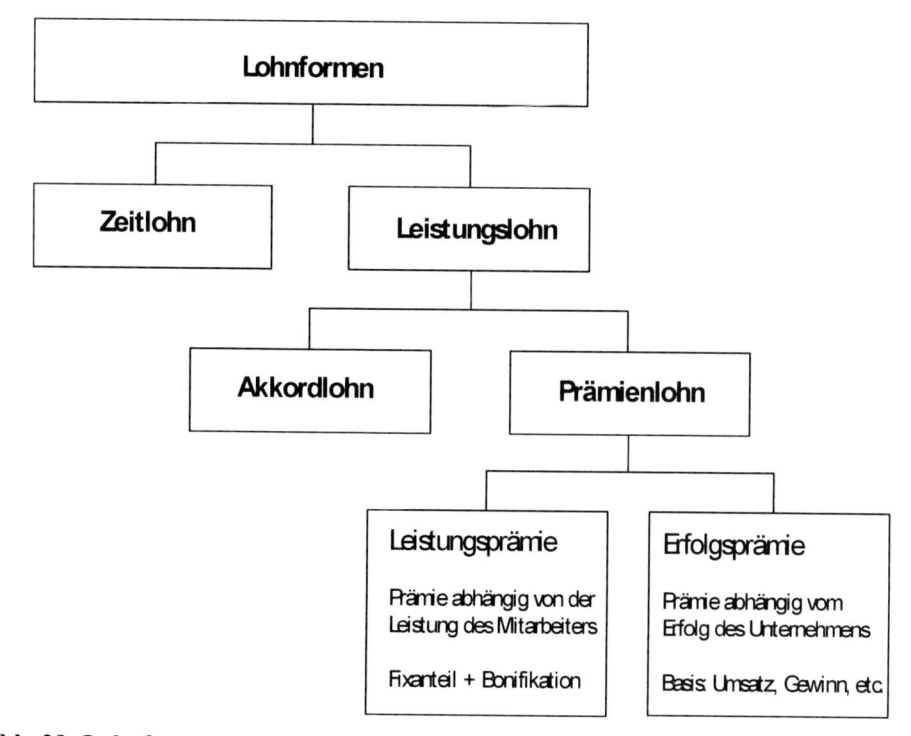

Leistungsprämie	Erfolgsprämie
Prämie abhängig von der Leistung des Mitarbeiters	Prämie abhängig vom Erfolg des Unternehmens
Fixanteil + Bonifikation	Basis: Umsatz, Gewinn, etc.

Abb. 29: Lohnformen

Grundsätze

Damit das Prämienlohn-Modell seine Anreizwirkung auch erreicht, muss es einige Mindestanforderungen erfüllen.

- Akzeptanz bei den Mitarbeitern

Die Mitarbeiter müssen vom eigenen Nutzen des neuen Systems überzeugt sein. Werben Sie dafür und unterstreichen Sie die Mehrverdienstmöglichkeiten als angemessene Vergütung erhöhter Anstrengungen, welche in der Vergangenheit nicht gegeben war.

- Nachvollziehbarer, klarer Aufbau

Achten Sie darauf, dass der Aufbau des Lohnmodells nachvollziehbar ist, damit die Mitarbeiter eine Kontrolle der Abrechnung durchführen können.

- Prämienklassen

Die Prämienspannweite sollte weit genug sein, um Motivationswirkung entstehen zu lassen. Weiterhin sollten dynamische Anpassungen im Zeitverlauf mit eingeplant werden.

- Standardleistungsergebnis

Die Mitarbeiter sollten mit vertretbarem Aufwand in die Lage versetzt werden, das Leistungsergebnis zu erreichen, da ein zu hoch gewählter Wert demotivierend wirken kann. Er sollte aus wirtschaftlichen Gesichtspunkten nichtsdestotrotz für das Unternehmen von Interesse sein.

Aus Sicht von Unternehmen und Mitarbeitern existieren neben den zahlreichen Vorteilen auch einige wenige Nachteile gegenüber traditionellen Entlohnungsformen wie z. B. der Akkordentlohnung.

Vorteile des PL-Modells

Unternehmen	Mitarbeiter
Motivations- und Leistungswirkung	Entlohnung entsprechend der erbrachten Leistung
Gesteigerte Selbstkontrolle der Mitarbeiter	Garantierter Grundlohn
Sichere Kalkulation	Berücksichtigung quantitativer und qualitativer Aspekte
Ausschuss- und Ausfallzeitenverringerung	

Nachteile des PL-Modells

Unternehmen	Mitarbeiter
Erhöhter Aufwand bei der Berechnung der Löhne	„Konfliktpotenzial", da nun unterschiedliche Vergütung in Abhängigkeit der erbrachten Leistung stattfindet
Eine Mengenprämie kann dazu führen, das die Qualität der erbrachten Erzeugnisse leidet	Verdienstrisiko

Betriebsvereinbarungen

Wie bereits kurz angesprochen müssen für die Implementierung eines leistungsorientierten Entlohnungssystems Betriebsvereinbarungen mit den Vertretern der Arbeitnehmer, d. h. i. d. R. mit dem Betriebsrat, getroffen werden.

Da dem Prinzip der Leistungsförderung auch das der Forderung von Leistung innewohnt, werden Ihnen Widerstände begegnen. Betonen Sie dabei immer wieder die Vorteile des Systems und den persönlichen Nutzen für die Mitarbeiter.

Bei der Ausgestaltung der Betriebsvereinbarungen sollten die folgenden Punkte berücksichtigt werden:

- Prämienberechnung
- Art der Arbeitsaufgabe
- Benennung der Bezugsmerkmale für die Standardleistung
- Auszahlungsmodalitäten
- Berichtigungsmöglichkeit
- Beanstandungsverfahren
- Inkrafttreten und Kündigung
- Verfahren bei Ausfallzeiten
- Übergangsregelungen

Im Anhang an dieses Kapitel wird ein Muster für eine Betriebsvereinbarung gegeben.

Erfolgsprämien

Erfolgsprämienmodelle sind für deutsche Verhältnisse eine junge Form der Prämiengestaltung. In angelsächsischen Bereichen ist dies eine probate und etablierte Methode.

Die Beteiligung der Mitarbeiter wird dabei noch weiter betrieben. Die Mitarbeiter erhalten die Möglichkeit, Anteilseigner am Kapital des Unternehmens zu werden. Sie werden quasi zu „Eigentümern" und damit zu Unternehmern gemacht. Der Erfolg des Unternehmens wird zu ihrem eigenen Erfolg. Ist das Unternehmen profitabel und fährt Gewinne ein, partizipieren sie direkt über Ausschüttungen.

Darüber hinaus erhalten sie gesteigerte Mitbestimmungsrechte und können die Geschicke des Unternehmens mit beeinflussen.

In dieser Form der Einbeziehung von Mitarbeitern stecken zukunftsweisende Unternehmensmodelle, welche alternative Wege gegenüber den herkömmlichen Strukturen von Tarifparteien bzw. Unternehmen und Betriebsräten bieten können.

8.1. Anhang zu Kapitel 8

MUSTERBEISPIEL
EINFÜHRUNG EINES PRÄMIENLOHNMODELLS

Prämienlohnaufbau Muster AG

1. Prämienlohnarten (Leistungskennzahlen)

Nachfolgend sind, ausgehend von den meist verwendeten Leistungskennzahlen, die Bezeichnungen der wichtigsten Prämienarten genannt.

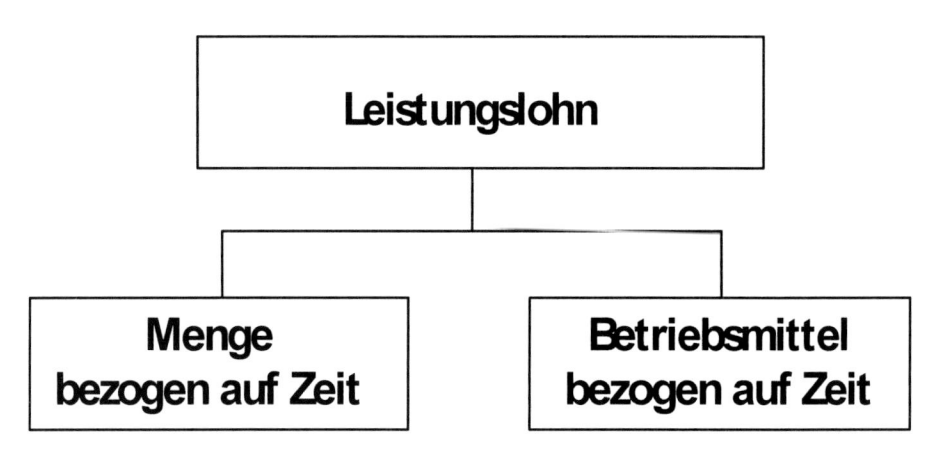

```
                    ┌──────────────────┐
                    │   Leistungslohn  │
                    └────────┬─────────┘
              ┌──────────────┴──────────────┐
    ┌─────────┴─────────┐         ┌─────────┴─────────┐
    │      Menge        │         │   Betriebsmittel  │
    │  bezogen auf Zeit │         │  bezogen auf Zeit │
    └───────────────────┘         └───────────────────┘
```

Abb. 30: Leistungslohn

Vorteile für die Mitarbeiter
- ➢ Die Entlohnung wird entsprechend der Leistung gezahlt
- ➢ Ein Mindestlohn wird garantiert
- ➢ Berücksichtigung quantitativer und qualitativer Merkmale

Nachteile für die Mitarbeiter
- ➢ Als Nachteil kann angesehen werden, dass es zu Konflikten innerhalb eines Teams kommen kann, wenn ein Mitarbeiter nicht die Arbeitsleistung erbringt
- ➢ Die i. d. R. begrenzte Lohnhöhe nach oben
- ➢ Verdienstrisiko der Mitarbeiter

Vorteile für das Unternehmen

- Das Unternehmen trägt nicht das volle Risiko des Arbeitswillens und der Arbeitsgeschicklichkeit der Mitarbeiter
- Kalkulationssicherheit
- Leistungsanreize für die Mitarbeiter
- Merkmalskombinationen

Nachteile für das Unternehmen

- Erhöhter Abrechnungsaufwand
- Gefahr, dass bei reiner Mengenprämie die Qualität vernachlässigt wird

Aufbau Prämienlohn

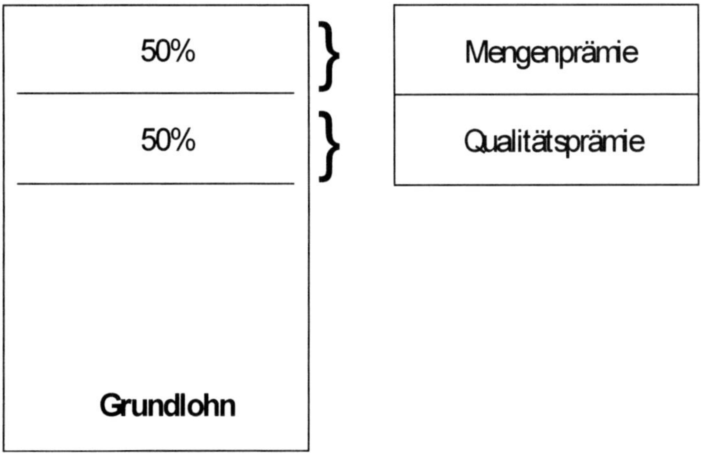

Abb. 31: Aufbau Prämienlohn

Es wird der degressive Lohnlinienverlauf als kombinierte Prämienentlohnung gewählt. Bis zu 120 % Leistungsgrad wird die Prämie linear entlohnt, darüber hinaus degressiv.

Die Prämienausgangsleistung wird auf 95 % gesetzt.
Die Prämienendleistung wird auf 130 % festgesetzt. Der degressive Verlauf wird zusätzlich eine zu hohe Arbeitsbelastung der Mitarbeiter verhindern.

Bezugsmerkmale

- Nutzungsgrad der Anlage

Zum Grundlohn wird bei Mehrleistung über die Normalleistung die Prämie 50 : 50 aufgeteilt.

Eckdaten

Prämiengrundlohn:	11 €
Prämienausgangsleistung:	95 % der Normalleistung
Prämienendleistung:	130 % der Normalleistung
Leistungskennzahl:	Menge/Stunde
Gewünschte Arbeitsleistung:	120 % der Normalleistung
Verrechnungszeitraum:	Vom 1. bis zum Ende des Betrachtungszeitraums, Auszahlung zum 10. des Folgemonats

Grafische Darstellung der Eckdaten:

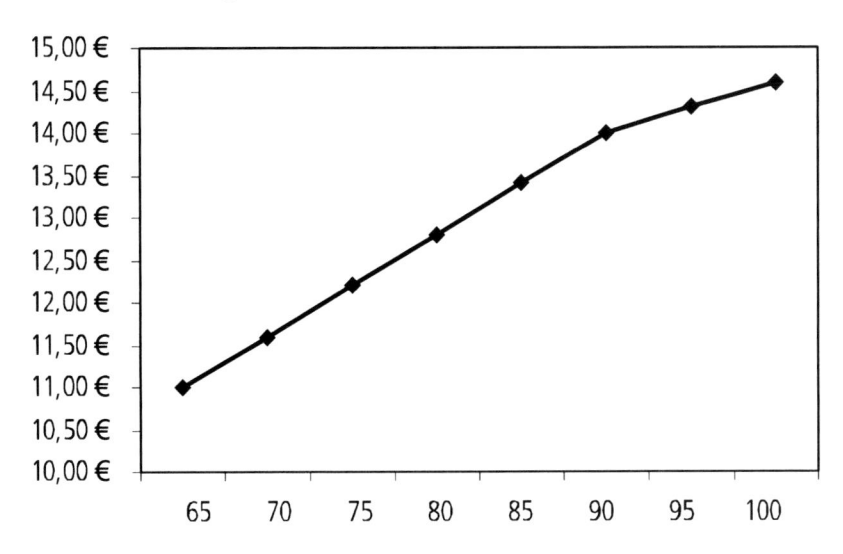

Datenblatt:

Normalleistung in %	Grundlohn	Mengen-anteil	Qualitäts-anteil	Gesamt-prämie	Gesamtlohn
65	11,00 €	0,00 €	0,00 €	0,00 €	11,00 €
70	11,00 €	0,30 €	0,30 €	0,60 €	11,60 €
75	11,00 €	0,30 €	0,30 €	0,60 €	12,20 €
80	11,00 €	0,30 €	0,30 €	0,60 €	12,80 €
85	11,00 €	0,30 €	0,30 €	0,60 €	13,40 €
90	11,00 €	0,30 €	0,30 €	0,60 €	14,00 €
95	11,00 €	0,15 €	0,15 €	0,30 €	14,30 €
100	11,00 €	0,15 €	0,15 €	0,30 €	14,60 €

Anlaufzeit

1. Monat: 95 %
2. Monat: 100 %
3. Monat: 105 %

MUSTERBEISPIEL
BETRIEBSVEREINBARUNG

Zwischen der Unternehmensleitung der MUSTER AG und den Mitarbeitern, vertreten durch den Betriebsrat, wird folgende Prämienentlohnung vereinbart:

Ab dem 01.03.200x tritt für die Belegschaft die nachfolgende Prämienentlohnung in Kraft:

Die Prämie wird zusätzlich zu dem vereinbarten Prämiengrundlohn (EUR -------) gezahlt. Die Gewährung der Prämie setzt eine den fachlichen Regeln und den betrieblichen Anweisungen entsprechende Arbeitsweise voraus.

1. Berechnungsgrundlage

Als Berechnungsgrundlage dient der pro Tag erbrachte Leistungsgrad. Die Berechnung erfolgt aufgrund der Bezugsbasis von
7,5 Std./Tag.

2. Prämienberechnung

Als Prämienberechnungsgrundlage werden 70 % der anliegenden Kalkulationstabelle gelegt. Die Prämie wird in 50 % Mengen-(Stück-)prämie sowie 50 % Qualitätsprämie aufgeteilt. Bei den Reklamationen, die auf mangelnde Produktionssorgfalt zurückzuführen sind, werden die Qualitätsprämien nach den anliegenden Tabellen in Abzug gebracht. Der über der Prämiengrundleistung liegende Leistungsgrad wird nach der anliegenden Tabelle errechnet. Der somit ermittelte Betrag in €/Std. wird mit der Bezugsgröße 7,5 Std./Tag errechnet. Bei Krankheit, Urlaub oder sonstigen Zeiten wird die Normalleistung (100 %) bei einem Nutzungsgrad von 75 % mit € 13,50 gezahlt. Bei der Einarbeitung neuer Mitarbeiter wird der durchschnittlich erbrachte Leistungsgrad des letzten Monats angesetzt.

3. Abrechnung

Die Abrechnung erfolgt jeweils zum ___. des Folgemonats.

4. Übergangsregelungen

Es wird eine Anlaufzeit von 3 Monaten vereinbart. Es gelten in dieser Zeit die folgenden Grundleistungen:
1. Monat: _ % der Normalleistung
2. Monat: _ % der Normalleistung
3. Monat: _ % der Normalleistung

5. Gültigkeitsdauer

Die vorstehende Vereinbarung gilt zunächst bis zum 31.05.200x. Vor Ablauf der genannten Gültigkeitsdauer sind die Vereinbarungen neu festzulegen. Die Prämienlohnregelung basiert auf dem zum Zeitpunkt der Vereinbarungen geltenden betrieblichen Stand. Sollten sich die Bedingungen dieser Vereinbarungen ändern, ist eine Neuregelung zu treffen.

6. Kündigung

Die Vereinbarung kann beiderseitig mit einer Frist von einem Monat zum Monatsende gekündigt werden.

7. Beschwerden

Beanstandungen und Beschwerden bzgl. des Prämienentlohnungssystems sind der Geschäftsleitung mitzuteilen.

Musterstadt, den

_____   _____
Geschäftsführung   Betriebsrat

Nachwort

Dieses Buch nimmt nicht für sich in Anspruch allgemeingültige Lehraussagen zu machen. Diese sollen Lehrbüchern und theoretischen Betrachtungen überlassen bleiben. Vielmehr soll es als Hilfsmittel bei der Restrukturierung dienen und einige Kernpunkte bei der Sanierung aufzeigen.

Seine Aussagen und Erkenntnisse zieht es aus langjährigen Erfahrungen eines Praktikers bei der Durchführung von Restrukturierungsmaßnahmen und versucht insofern diese Erfahrung geordnet wiederzugeben.

Jedes Unternehmen verlangt individuelle Lösungen und Konzepte.

Ein einheitliches Schema lässt sich nicht formulieren.

Nichts desto trotz trifft man bei der Sanierung immer auf gleiche oder zumindest sich ähnelnde Menschentypen.

Lassen Sie sich deshalb folgendes einen Leitspruch sein :

"Der Erfolg des Sanierers liegt nicht nur in seinen fachlichen Fähigkeiten, sondern vielmehr in seinem Geschick mit Menschen umzugehen"

Literaturverzeichnis

BISCHOF, K. (1991). Jeder gewinnt – die Methoden erfolgreicher Gesprächsführung. WRS Verlag Wirtschaft, Recht und Steuern, München.

GREENE, R. (2001). Power – Die 48 Gesetze der Macht. Hanser Verlag, München.

HEUEL, E. (2001). Die besten Reden für jeden Anlass. Weltbild, Augsburg.

JÄGER, R. (2004). Wie Sie als Führungskraft der Motor gewünschter Veränderungsprozesse werden. REFA Nachrichten 06/2004, 12–19.

KOPPELMAN, U. (2005). Marketing, 7. Auflage. Werner Verlag, Düsseldorf.

KRAMER, F. und KRAMER, M. S. (1995). Modulare Unternehmensführung – Kundenzufriedenheit und Unternehmenserfolg. Springer, Heidelberg.

MINDPOWER (1995). Führungsqualitäten entwickeln. Neue Wege zum erfolgreichen Umgang mit Menschen. Time-Life, Amsterdam.

MOSLER, K. und SCHMID, F. (2005). Beschreibende Statistik und Wirtschaftsstatistik, 2. Auflage. Springer, Berlin.

MÜLLER-HAGEDORN, L. (2005). Handelsmarketing. Kohlhammer, Stuttgart.

PLÜCK, R. und LATTWEIN, A. (2000). Haftungsrisiken für Manager. Gabler, Wiesbaden.

Sachverzeichnis

A

Aktionsplan 15
Analyse 7
Anreizsysteme 61
Arbeitnehmervertretung 75
Arbeitskarte 29
Arbeitsvorbereitung (AV) 27
Auftragsdurchlauf 9

B

Banken 69
Beobachtung 8
Beschaffungsmanagement 18
Bestandsreduzierung 33
Betriebliche Reorganisation 25
Betriebsrat *Siehe* Arbeitnehmervertretung
Betriebsvereinbarung 124
Blockadehaltung *Siehe* Widerstände

D

Darlehen 69
Dokumentation 60
Druck 62
Durchlaufterminierung 30

E

Eigenmotivation 103
Eigenvertrieb 52
Einkauf 18
Engpasssteuerung 31
Entlohnungssysteme 113

F

Fertigungssteuerung 31
Führungspersönlichkeit 86
Führungsstile 85
Funktionsbereich 7

G

Geschäftsführer 81
Geschäftspartner 24

H

Handelsunternehmen 51

I

Insolvenzverschleppung 70

K

Kapazitätsplanung 31
Kennzahlen 39
Kernpunkte des allgemeinen Zustand 10
Key Kunden 43
Kommunikation 65
Konsortien 69
Kontrolle 17
Kostenrechnung 39
Kredite 69
Kreditinstitute 69
Kundenlisten 54
Kundenorientierung 44

L

Lager 33
Lieferanten 21
Lieferstopp 19
Liefertreue 22

M

Management 79
Marketing 45
Marktforschung 48
Materialdisposition 30
Mehrproduktkunden 64
Mitarbeiterführung 79
Mitarbeiterinterviews 11
Modularisierung 37

Motivation 89

P

Personalmaßnahmen 75
Personenfehlzeiten 9
persönliche Präsenz 17
Phasen 5
Plantafel 15
Plantafeln 31
Planung 5
Planungsphasen 7
Potentialbestimmung 13
Prämienlohn 114
Prämiensysteme 61
Preis 23
Projekte 16

Q

Qualität 22

R

Reporting 71
Restrukturierungsmaßnahmen 26

S

Seminar 59
Service 45
Sicherheiten 70
Spannungsfeld 4
Standardisierung 37
Stellenbeschreibungen 117
Strategieplanung 5
Stücklisten 38

T

Tätigkeitsbeschreibungen 117
Teamleitung 89
Telefonkonferenz 62
Terminliste 36
Turn Around 1

U

Unternehmensführung 81

V

Verbesserungspotentiale 90
Verkäuferschulung 58
Verkaufsmethoden 56
Vertragsdiktat 18
Vertrieb 42
Vertriebsstrategie 51, 52
Verzögerungen 17

W

Wertschöpfungskoeffizient 40
Widerstände 91

Z

Zahlungsziele 23
Zielorientierung 104

Abbildungsverzeichnis

Abbildung	Seite
Abb. 1 Planungsprozess	5
Abb. 2 Zeitstrahl	6
Abb. 3 Funktionsbereiche	7
Abb. 4 Informationskreis	10
Abb. 5 Interviewformular	11
Abb. 6 Plantafel	15
Abb. 7 Projektformulare	16
Abb. 8 Einkauf	18
Abb. 9 Lieferantennetz	21
Abb. 10 Auftragsdurchlauf	25
Abb. 11 Organisation AV	28
Abb. 12 AV- Plantafel	32
Abb. 13 Terminliste	36
Abb. 14 Stücklisten	38
Abb. 15 Deckungsbeitrag im Diagramm	39
Abb. 16 WPK	40
Abb. 17 Vertrieb	43

Abbildung	Seite
Abb. 18 Vertriebsbereiche	49
Abb. 19 Kundenliste	54
Abb. 20 Potenzielle Kunden	55
Abb. 21 Bausteine der Schulung	58
Abb. 22 Seminarplanung	59
Abb. 23 Kontr. d. Vertriebsakt.	64
Abb. 24 Geschäftsb. Bank – Unt.	71
Abb. 25 Organigramm	81
Abb. 26 Führungskräfte Training	83
Abb. 27 Widerstände	91
Abb. 28 Reflexionsmethodik	105
Abb. 29 Lohnformen	115
Abb. 30 Leistungslohn	120
Abb. 31 Aufbau Prämienlohn	121